ISSN　0386－9563

哲學研究

第六百九號

JN081191

令和五年二月二十八日發行

企投する思索
—宗教哲学・西田哲学・仏教—（下）……氣多雅子

トマス・アクィナスの《モドゥス》研究（二）
—《モドゥス》の倫理的側面—……周藤多紀

情報の哲学史試論
—『ポール・ロワイヤル論理学』・ライプニッツ・カント—……五十嵐涼介

京都大學大學院文學研究科内

京都哲學會

令和五年二月二十八日發行

京都哲学会規約

一、本会は広義における哲学の研究とその普及を図ることを目的とする。
二、右の目的のために左の事業を行う。
㈠会誌「哲学研究」を発行する。
㈡毎年公開講演会を開く。
㈢随時研究会を開く。
三、本会の事業を遂行するために委員若干名をおく。委員は委員会の中から互選により代表一名をおく。委員は京都大学大学院文学研究科の旧哲学科系所属教官の有志、および委員会において推薦したものに委嘱する。
四、委員会の中に「哲学研究」の編集委員会をおく。
五、本会は賛助員若干名をおく。賛助員は会員の中から委員会が推薦する。
六、本会は会員組織とし、会員には資格の制限を設けない。学校・図書館・其他の団体は団体の名を以て入会することができる。
七、会員は年会費五、〇〇〇円を納める。なお、学生会員（学部生および大学院生）は、事務局に申し出れば、減額制度を利用することができる。その際、年会費を四、〇〇〇円とする。
八、会員は会誌の配布を受け会誌に予告する諸種の行事に参加することができる。
九、本会は事務所を京都大学大学院文学研究科内におく。
十、規約の改正は委員会の決定による。

京都哲学会委員

（＊京都哲学会代表）

蘆田宏　宮崎泉
池田恭哉　森口佑介
伊勢田哲治
伊原木大祐
上原麻有子
宇佐美文理
大河内泰樹
大塚淳
落合恵美子
黒島妃香
＊児玉聡
杉村靖彦
杉山卓史
周藤多紀
田中紀行
太郎丸博
津田謙治
筒井忠仁
出口康夫
中畑正志
ハイム、ステファン
早瀬篤
平川佳世
丸山里美

哲学研究　第六百九号

企投する思索
——宗教哲学・西田哲学・仏教——（下）

氣多雅子

はじめに

「上」において、宗教哲学がどのような思索であるか、現代の宗教哲学がどのような課題をもつか、ということを論じた。「下」では、西田哲学を通して、現代の宗教哲学の課題に応答する手がかりを得ることがめざされる。西田哲学は、近代の日本人の精神生活の基層において、日本の近代を作るという意味をもっていた。それは西田の思索が企投する思索として、日本の宗教哲学の系譜の始まりを告げるものであったことを意味している。ここでその考察を導くのは現象学であり、その考察は仏教の精神世界の探究に道を付ける。そのような仕方で考察を深めていくことが、現代の課題への応答につながるはずである。

一　『善の研究』と「純粋経験」

西田の哲学が「純粋経験」という概念を掴んだところから始まったことは、彼の日記や書簡によって明らかである。

十九世紀から二十世紀にかけて、自然科学の発展の中で大きな問題となっていたのは心（意識）をどのように扱うかということであり、哲学的には主客二分説、物心二分説をどう乗り越えるかという課題として理解された。意識の学問的追究を阻むのは、意識が「私の意識」という枠から出ることができないということであるが、「純粋経験」は、それを克服するものとしてウィリアム・ジェイムズらによって提出された考え方である。さらに『善の研究』での西田は、フィヒテなどの影響のもと、経験を能働的なものであると考えて、「純粋経験の自発自展」によって一切を説明しようとした。

その後西田は純粋経験の立場を離れ、新たな思索の展開へ踏み出していく。しかし、その思索を十分に成熟させた後、一九三六年（昭和十一年）『善の研究』新版の序でこのように言う。

> 今日から見れば、此書（『善の研究』）の立場は意識の立場であり、心理主義的とも考へられるであらう。然非難せられても致方はない。併し此書を書いた時代に於ても、私の考への奥底に潜むものは単にそれだけのものでなかったと思ふ。純粋経験の立場は「自覚に於ける直観と反省」に至って、フィヒテの事行の立場を介して絶対意志の立場に進み、更に「働くものから見るものへ」の後半に於て、ギリシャ哲学を介し、一転して「場所」の考に至った。そこに私は私の考を論理化する端緒を得たと思ふ。「場所」の考は「弁証法的一般者」として具体化せられ、「弁証法的一般者」の立場は「行為的直観」の立場として直接化せられた。此書に於て直接経験の世界とか純粋経験の世界とか云ったものは、今は歴史的実在の世界と考へる様になった。行為的直観の世界、ポイエシスの世界こそ真に純粋経験の世界であるのである。[1]

西田の生涯の思索の歩みは、純粋経験の世界の徹底的な受け取り直しであったことが、彼自身の言葉で示されている。純粋経験という概念に西田が籠めた意義は、彼の思想展開の全体を貫くものであったことがわかる。

『善の研究』が出版されて直ぐに、高橋里美が「純粋経験」に対して現代の私たちから見て実に的確な批判をしているが、[(2)]西田の意図とは基本的なところですれ違いがあるように感じられる。さしあたってこのすれ違いは、西田の「純粋経験」が哲学思想として、またヨーロッパの哲学の文脈のなかの思想として、十分でなかったことを示していたと解される。『善の研究』以降の西田の努力は、彼が純粋経験として語ろうとしたものをヨーロッパの哲学の文脈に接合できる仕方で概念化していくことであったと言えるであろう。その概念化は西田の精神生活の基層としてあったものを哲学の言葉によって紡ぎ出す営為であった。

二　西田の「純粋経験」

それでは、西田は「純粋経験」についてどのように語っているのか。

『善の研究』の冒頭で西田はこう述べる。「経験するといふのは事実其儘に知るの意である。全く自己の細工を棄てて、事実に従うて知るのである。純粋といふのは、普通に経験といって居る者も其実は何等かの思想を交へて居るから、毫も思慮分別を加へない、真に経験其儘の状態をいふのである」。[(3)]これを見ると、「純粋経験」は経験の特殊な形態を指すのではなく、経験するということの純粋な形を指すと解される。純粋な形とは「事実其儘に知る」ということであり、それはさらに「自己の意識状態を直下に経験した時、未だ主もなく客もない、知識と其対象とが全く合一して居る」と説明され、「例へば、色を見、音を聞く刹那、未だ之が外物の作用であるとか、我が之を感じて居るとかいふやうな考のないのみならず、此色、此音は何であるといふ判断すら加はらない前」であると説明される。[(4)]この純粋経験は一切の判断以前であり、したがって「意味」というものをもたない「事実其儘の現在意識」である。すべての精神現象がこの形を元にして現れる、と西田は考える。

純粋経験の「現在」は意識上の事実としての現在であるから、幅のある現在である。つまり意識の焦点が現在であって、意識の焦点というのは「注意」である。(5)注意は絶えず或るものから別の或るものへと移る。その一つひとつが純粋経験というわけではない。注意が次々と移行していっても、主客未分の状態が続くならば、それが続いている間が一つのまとまった純粋経験である。主客未分の状態が続くのは統一作用による。思惟や意志や知的直観といった心的作用はその統一作用の諸様態である。したがって、経験が純粋であるのは経験が統一していることによる。統一がない状態、つまり主観と客観が分かれる状態でも、その背後では無意識の統一力が働いている。それ故、すべての意識経験について、厳密な統一のある状態から広い意味で統一力が働いている状態までを考えることができる。そこで、「統一は実に意識のアルファであり又オメガである」(6)という言い方が出てくる。意識の状態には統一へ向かう方向と分化発展に向かう方向とがあり、全体としていっそう大きな統一へ向かって動いていく。このようにして、「事実其儘に知る」こととしての純粋経験は一つの体系を成す。これが『善の研究』における純粋経験の骨子であろう。

さらに西田は、統一に向かうということは意識現象の根本的要求であり、この要求の極まったものが「宗教的要求」であると考える。(7)つまり、純粋経験の世界が十全に展開した有りようを、西田は「宗教」という語で捉えている。宗教とは一切が究極的な統一を為す有りようだということができる。

この宗教の位置づけは、その後の西田の思索の展開のなかでも基本的に変わらない。本稿の「上」ではカントの批判哲学全体を宗教哲学と捉え、『単なる理性の限界内の宗教』はその応用編であると理解したが、その理解は西田哲学にも当て嵌まる。西田哲学を宗教哲学として理解しようとするとき、実定宗教を主題とするということで、論文「場所的論理と宗教的世界観」が考察の主材料とされることが多いが、この論文は同様の意味で、西田哲学の応用編として理解することができよう。『善の研究』から「場所的論理と宗教的世界観」に至るまで、西田の哲学

的思索の全体を動かしていくのは意識の最終統一に到達せんとする要求、すなわち究極統一の要求である。(8)

宗教的要求は宗教という事象を動かす動力であり、宗教という事象は動態である。そして、宗教を究極統一の要求から捉える視座そのものは哲学のものである。西田は自らの哲学をこの要求に導引されるものとして作り上げ、この要求において自らの哲学を自らの宗教的要求と重ね合わせる。

西田は究極統一の要求という点で、哲学と宗教の共通するものを見出すとともに、この要求が理知の方向へ傾いたものが哲学、情意の方向へ傾いたものが宗教であるという区別をしている。さらに、理知の方向にありながら、意識統一の要求を共有しないものとして、科学を考えている。この哲学と科学の区別の仕方はあまり注目されないが、学知の意義を考える上で面白い視点である。諸科学の知は暫定的に統一されても、究極統一はされないことを本性とすることになる。西田において純粋経験の立場が成立したとき、このような科学、哲学、宗教の全体的見取り図が基本的に掴み取られたと考えられる。

それでは、この究極統一の要求はどこから起こり、何を意味するものなのか。西田によれば、「統一ということが人間の至誠即ち真摯な状態であり、かねて生命である」ことから、この要求こそ「宇宙人生の究極の問題を解決して宇宙と自己との関係を定めること」という哲学・宗教の目的に適うものなのである。(9)

そして、「事実其儘に知る」というあり方は後期の行為的直観の「物となって見、物となって行う」というあり方と、経験そのものとしては直截につながっていると言ってよい。この経験のダイナミズムを論理という仕方で取り出したものが、場所の論理である。そう考えると、この経験のあり方を理解することこそ西田の哲学全体を理解する鍵となると言えよう。

三　純粋経験という考え方に現代的意義はあるか

西田は純粋経験の立場が心理（学）主義的であるという批判を受けて、意識の問題に関して当時対立していた二つの立場、純粋経験派（心理学主義）と純論理派（論理学主義）について詳細に考察してゆくことになる。[10] この二つの立場の対立は、ホルクハイマーが言うような客観的理性から主観的理性への変質が引き起こされていく事態を映し出すものであり、そこには急激に進展する経験諸科学の学問論的な基礎づけの問題があった。しかし、論理学主義と心理学主義のどちらかに立つことによって解決するほど、問題は単純なものではなかった。純粋にどちらかの立場を取るということは、実在の世界と論理的対象とを切り離してしまうことである。それはまさに、客観的理性の主観的理性への変質を引き起こす要因となる。西田は自らの純粋経験の立場に対する心理学主義的という批判を受け容れながら、やがて意識経験のなかに自らが納得できる「論理」を発見していくことになる。

この西田の思索の方向は、現象学の展開する方向と共通している。西田が苦闘していた頃、新カント派のヴィンデルバントやリッケルトと並んで、フッサールも純論理派と見なされていた。最初、数学を研究していたフッサールは『算術の哲学』（一八九一年）の立場が心理学主義的であるという批判をフレーゲから受けて、『論理学研究』第一巻（一九〇〇年）で心理学主義の立場を徹底的に批判したからである。フッサールの現象学は意識体験を心理学的・経験科学的に見るのとは別の見方を開こうとするものであり、そういう仕方で客観的理性と主観的理性との和解をめざしていると見なすことができる。

その別の見方とは現象学的イデア学的見方（die phänomenologisch-idealwissenschaftliche Einstellung）であり、『論理学研究』第二巻ではこう説明される。「私たちはすべての経験科学的統覚と実在措定のスイッチを切る（ausschalten）。そして、内的に経験されたものもしくはそうでない仕方で内的に直観されたもの（たとえば単なる想像）を、その純粋な体験持続に従って、そして理念化のための単なる類例的基盤として、受け取るのである」。(11)ここで言われる「すべての経験科学的統覚と実在措定のスイッチを切る」ということが、『イデーン』第一巻では「現象学的還元」という基本的方法態度として磨き上げられていく。(12)その後フッサールはいろいろと立ち位置を変えていくが、一貫して、私たちが実際に行っている「真なるもの」についての経験のみを論理の肯定の基礎として認めている、とメルロ＝ポンティは言う。(13)フッサールは一貫して、論理学主義と心理学主義との間に道を見出すことを企図していたというのが、メルロ＝ポンティの見解である。(14)

経験諸科学と哲学の状況は、その後大きく変化する。現象学の強みは、フッサールの影響を受けた多くの哲学者たちが意識現象に的を絞りながら、それをめぐる学問的状況の変化に応答し続け、また多様な諸科学の分野に影響を与え続けてきたというところであろう。メルロ＝ポンティは、フッサールが現象学の立場と実証科学としての心理学の立場との違いを最後まで保持したのに対して、それぞれの研究が進展し互いに影響し合うことでこの二つの立場が次第に一致するようになったと考えている。(15)特にゲシュタルト心理学における、すべての心的現象は意味に向けられているという捉え方に、彼は現象学と相通ずるものを見て取っている。そして、二十世紀末頃から急速に進展して力をもつようになったのが脳科学の研究である。脳の機能は単純に主客二分の立場に立って物体としての脳を研究対象とするだけでは解明できないことが明らかであり、脳科学を踏まえた心理学研究と現象学とは一層深い影響関係を持つようになってきている。(16)

もう一つ指摘しておかなければならないのは、哲学の分野として科学論・科学哲学が重要な位置を占めるようになったということである。カール・R・ポパーが科学と疑似科学とを境界づける方法論を科学哲学の主題と見なし、科学哲学から形而上学的議論を排除していく。トーマス・S・クーンが一九六二年に『科学革命の構造』でパラダイムという概念を提出するのをきっかけに、科学的事実についての考え方が大きく変化することになる。そういうなかで、哲学知と科学知の関係が西田の時代とは別の様相を示すようになった。経験科学の知の認識論的基礎づけも、数学や論理学を構成する理念的対象の根拠の探究も、もはや哲学の課題とは見なされない。

このような変化は、第二次大戦後の時代状況の変化よりいっそう根本的な仕方で、哲学的思索の場を変容する。現代の学問はその裏面において人間の知一般の底知れぬ危うさを明らかにする方向に進むようにも見えるが、ここではそれに立ち入らない。ここで踏まえておきたいのは、この哲学的思索の場の在りようが本稿「上」で論じた現代の宗教哲学の課題と密接に関わっているということである。先に、宗教哲学が取り組むべき課題であるのは、「個」と「人類」との乖離であることを論じた。この乖離に面して、西田の思索は現代世界を生きる私たち自身の究極統一の要求を問い質さずにはいない。今日の究極統一の要求は一方で、個と人類を包摂するような統一的理論の形成は不可能であるということを踏まえなければならない。他方でこの要求は、個の真理と人類の真理という二重真理で落着させるようなことを許さない。ここには、宗教と哲学とを区別しつつ両者に共通する真理を求めた西田の統一要求の現代的な形がある。しかしそれは、西田の時代よりいっそう困難な課題となっている。

『善の研究』の「純粋経験」は哲学思想としてはまだきわめて素朴なものである。しかし現代において意識経験がかつてなかった多様な位相で考究されるなかで、純粋経験という概念は複雑に錯綜した意識経験の原点というべき意味をもっていることに気付かされる。現代世界の新しい視界に「純粋経験」という概念を置き入れて、その哲学的な可能性を考察してみることははなはだ有意義ではなかろうか。

実は、後期のフッサールも「生活世界（Lebenswelt）」という概念を持ち出す際に、「純粋経験（reine Erfahrung）」という語を用いている。[17] 彼は論理学の全領域の現象学的基礎づけのために一切の述語判断の明証性の起源を求めるわけであるが、一切の論理的行為を行う以前に、私たちがそのなかに常に既に生きている世界、即ち「生活世界」に帰っていかなければならないと考えるようになる。この生活世界の経験を「純粋経験」ないし「直接経験（unmittelbare Erfahrung）」と呼んでいる。

西田の純粋経験は、既述のように、「宇宙人生の究極の問題を解決して宇宙と自己との関係を定める」という意義をもち、彼の哲学的思索を本格的に発動させる出発点に位置する。[18] 他方、フッサールの純粋経験は経験諸科学の客観的認識の基礎づけの長い試行錯誤の果てに指し示されるものである。彼はこの基礎づける哲学と基礎づけられる諸科学との総体としての学問の創建（Urstiftung）を「近代のヨーロッパ的人間性の創建」と捉える。[19] 西田とフッサールは、同じ純粋経験という語を考察の発足点と終点というまったく逆の位置に置いている。それでいながら、この語によって両者ともに意識経験の原点ともいうべきものを考えている。私たちはこれをどのように理解すべきであろうか。

四　西田と現象学

まず、西田がフッサールの思想をどのように評価しているかを確認しておこう。『自覚における直観と反省』の時期にはフッサールの論考は参照される程度であり、西田の関心がより多く向けられるのはリッケルトやヴィンデルバントなどの新カント派の思想である。後に新カント派への関心はカントそのものへ向かうようになり、『一般者の自覚的体系』ではカントとフッサールの思想が並べて論じられている。

そこで西田は、フッサールの「志向」という考え方を批判している。周知のように、フッサールは意識とは何かについての意識であるというあり方をするものだとして、意識のこの特性を「志向性（Intentionalität）」と呼ぶ。そして、志向する作用と志向される対象の関係、即ちノエシスとノエマの関係を、フッサールはさまざまな位相において徹底的に追究していく。それに対して西田は、フッサールの「志向」を「低次的意識作用が高次的意識作用の内容を映すこと」であると規定し、この概念では具体的な意識作用を十分捉えることができていないと批判する。[20]

西田によれば、意識作用は自己に結合することで初めて実在的になるのであるが、自己とは自覚するものである。自覚するということは、自己の中に自己の内容を構成することにおいて具体的なものになる。この構成作用こそ意識の本質であり、この構成作用において意識される自己ではなく意識する自己の立場に立っている、というのが西田の考えである。それに対して、自覚が自己の中に自己を志向するという形をとるとき、この志向作用は構成的ではなく表象的なものである。つまり、フッサールは意識された自己の立場に留まるというのである。

この捉え方に対してフッサールの側からは異論があろう。対象の「構成（Konstitution）」ということは一貫してフッサール現象学の主題であったからである。フッサールの志向性を「低次的意識作用が高次的意識作用の内容を映すこと」と理解するのでは、彼の「構成」の意味を捉えることはできない。彼は「構成」ということを対象へ意味を付与する志向性の機能として捉える。[21] しかし、西田には意味付与では構成に値しないと考えられたのであろう。西田にとって「意味」は判断の段階で現れるものだからである。

西田にはフッサールがこのように捉えた「志向」が真の意味での現象学の立場ではないと考えていると読める箇所もある。ノエシスとノエマとの対立を見ることは、ノエシスをノエシスの方向に超え出たノエシスのノエシスの立場でなければならないのであり、そこに立つのが真の意味での現象学だと西田は考えるのであろう。[22] 西田のノエシスのノエシスの立場というのは作用の作用として構成的意義をもつが、構成的意義をもつのは知ではなく意志である。西田において、意志は知よりも高次の統一作用をもち、それが意志の構成作用として理解されている。しかし、ノエシスをノエシスの方向に超え出るというのは、意志的自己からもう一つその奥底へと超越することにほかならない。つまり西田は、意志的自覚的自己の根抵として叡智的自己というものを考える。叡智的自己の立場は、もはや言葉で表せないだけでなく、言葉を通して指し示すことも難しいものであるが、西田はノエシスとノエマの対語を用いて、この立場を追究していく。この対語を用いることができるのは、叡智的自己は志向と構成とが一であるという仕方で、志向をその一面とするものだからである。言いかえれば、西田の理解するフッサールの現象学では叡智的自己の一つの面しか捉えられないことになる。

西田の追究は叡智的自己で終結しない。叡智的自己の根抵にさらに「絶対無の場所という如きもの」がなければならないと考えていく。そして今度は逆に、絶対無の自覚の方からすべての知(西田において知は「一般者の自己限定」として考えられる)のあり方を考察していくのであるが、そこでも西田の考察を導くのはノエシスとノエマの関係である。このとき、ノエシスとノエマはもはや作用と対象という関係をはるか遠くに踏み越えており、能所の相関関係そのものが考察の探り針のような役割を果たすことになる。

西田にはハイデガーの現象学への言及もある。『一般者の自覚的体系』(一九三〇年)では「ハイデッゲルの解釈学的現象学の立場といふのは、フッサールの立場に比して一歩を進めた点はあるが、未だ現象学的立場其者に伴ふ根本的欠陥を脱し得たものと云ふことはできない」(23)とある。「現象学的立場其者に伴ふ根本的欠陥」とは、意識の立場において見るということをどこまでも超えられないという点だと解される。(24)この時期の西田は「行為的直観」の立場から、歴史的実在はすべて弁証法的に自己自身を限定するロゴス的実在であると考える。この立場からすると、ハイデガーの「現存在」もいまだ歴史的実在ではないというのである。

西田の視界にあったのは、『イデーンI』ぐらいまでのフッサールであり、『存在と時間』ぐらいまでのハイデガーである。フッサールもハイデガーもその後、ダイナミックに新たな立場を展開させていく。その意味では、西田の批判は彼らへの正当な評価とは言えない。しかしその一方で、西田も彼自身の意識経験の捉え方を徹底して独自の思想を展開していくことを考えると、西田にはそのように現象学者たちを捉える理由があったと思われる。その根本にあるのは、西田と現象学者たちとの基本的な意識経験の捉え方の違いである。それについて私たちはメルロ＝ポンティが『知覚の現象学』の序文で、フッサールの志向性について語った一節を思い起こさずにはいられない。

そこでメルロ＝ポンティは、フッサールの「作用志向性（l'intentionnalité d'acte）」と「作動的志向性（l'intentionnalité opérante, fungierende Intentionalität）」という区別について語っている。[25] 前者は、対象に向かう作用の志向性であり、私たちの判断や意志的な態度決定がそれでなされるものである。後者は世界および私たちの生活の自然的で言葉以前的な統一をつくっているものを指す。つまり、私たちの意識そのものがすでに世界企投なのであって、この世界の統一性は対象へ向かう作用が発動する以前にすでに在るものとして生きられている。この世界との原初的な関係は、分析によって明らかになるというものではない。哲学にできるのは、この関係に注目させ、この関係を確認させることだけである。以上のようにメルロ＝ポンティは論じている。

西田の叡智的自己の自覚として論じられているのは、明らかに作用志向性を超えたところである。通常の意味で意識の立場として考えられるものは自覚的自己の立場であり、叡智的自己がすでに言葉以前的なものである。西田は意識する意識、ノエシスのノエシスを捕まえようとして、ノエマのなかにあるノエシスのひそかな痕跡を手繰り寄せていくことでようやく叡智的自己を語る。西田はそこでとどまることなく、さらに志向という抽象的限定面を極大にする仕方で絶対無の自覚を手探りしようとする。絶対無の自覚はもはや作動的志向性をも超えていると言わねばならない。西田は、現象学者によって哲学が明らかにし得る限界とされるものをどんどん超えていく。哲学を超えたところを宗教の領域として区別しつつ、哲学の限界を向こうへと少しでもずらそうとする哲学的努力を重ねると言ってもよい。

だが、このようなことがどうして可能なのか。作用以前にすでに作働しているような志向性を哲学的に分析することはできないというメルロ＝ポンティの主張は、しごく妥当だと思われる。西田の思索は哲学的に語り得る限界を踏み越えて、神秘的直観に依拠した思弁となっているのではないか。そういう疑問が起こる。しかし、西田には純粋経験という概念を得たときに、すでにここまで至る必然性があったように見える。私は西田が〝絶対無の自覚を手探りしようとする〟と述べた。それは比喩ではあるが、いわば目の見えない人が暗闇の中に居ながら周りの音や距離や空気を全身で感じ取って物の在り処がわかっているというようなものが、西田のなかにあるように思われる。純粋経験という経験のあり方のなかにそれだけの射程が含まれているように思われる。

五　意識経験における「注意」と「統一」

そのことを純粋経験の概念において確認してみよう。先述のように、西田は純粋経験を「注意」と「統一」ということから説明していた。

「注意」というと、私たちは普通、既に視界の内に在るもののなかで特定の何かに対してより多くの関心を向けることであると考えるのではないか。メルロ＝ポンティは『知覚の現象学』のなかで、注意とはそういうものではないとして、興味深い考察を展開している。「それ（注意すること）はその所与を図として浮び上らせることによって、そのなかに一つの新しい分節化を実現することだ。その所与は、いままでは単に地平として先造されていただけだったのが、いまや全体的世界のなかで、新たな領域を真に形成するようになるのである」[26]。注意を、対象を現れさせる働きとするだけでなく、図と地の関係の全体を動かしていく働きとして捉えている点が重要である。つまり、「新しい分節化」には二つの作業が含まれている。一つは、今まで地平という仕方で漠然と与えられていただけのものを主題化し顕在化して、図として新しい対象を出現させる働きである。もう一つは、対象がそこで分節化される地平を作り出す働き、即ち「知覚的にしろ精神的にしろ、いやしくも〈鳥瞰する〉(Uebeschauen) ことのできるような或る領野を創り出すこと」である[27]。この二重の動きは相関的であり、注意が次々と対象を出現させて移行していくなかで、その移行を総合することによって意識の統一が少しづつ構成されていく。

メルロ＝ポンティの詳細な考察を、骨組みだけ取り出すとこのようになるであろう。それに比べると西田の捉える注意はきわめて素朴で単純であるが、両者の注意の捉え方に齟齬はない。しかし両者には力点の置き方に根本的な違いがある。メルロ＝ポンティの考察のなかで、新しい分節化を起こす二重の動きのうち、その相関する全体を主導するのは対象を出現させる働きの方である。それは当然であって、私たちの思考や判断は対象に向けてなされるのであり、対象を通してしかそれが背負っている地平を考察することはできない。私たちの知覚の構造がそのような考察の仕方を要求する。

しかし、西田の注意への言及は、注意を導くものとして直ちに「或無意識統一力」の働きへと向かう。そして、普通私たちは対象を知覚する体験と夢の体験とを外的体験と内的体験として区別するが、「元来、経験に内外の別あるのではない、之をして純粋ならしむる者はその統一にあって、種類にあるのではない」[28]としてその区別を退ける。純粋経験の「統一」は、メルロ＝ポンティが「意識の統一性」[29]として考えるものとは異なっている。統一が純粋経験の分化発展のなかでより高次の統一に向かい、究極統一を求めるというようなことは、後者では起こらない。メルロ＝ポンティが考察しているのは私たちが日常生活で物や他者と関わる意識経験であり、その限りでは『善の研究』で論じられる意識経験はそれとは別のものだと言えるであろう。

六　純粋経験と禅修行

西田の純粋経験の特質を『善の研究』執筆以前の約十年にわたる熱心な禅の修行と結びつけるのは、自然なことであろう。その際注意すべきであるのは、西田を禅に向かわせた動機は、日記や書簡を読む限り、純粋に知的なものだったということである。二九歳のときの山本良吉宛の書簡で「君が所謂思想の統一に達するには如何なる方法に由り玉ふ御考にや、余は禅法を最捷径ならんと思ふなり」[30]と述べているように、西田が求めたのは思想の統一であった。

しかし、禅は仏教の修行法である。これを哲学思想の前提とするような考え方は宗教と哲学との混同である、という批判が予想される。だが、宗教と哲学の関係はヨーロッパの歴史においても紆余曲折を経ている。

近世哲学の父といわれるデカルトは十代のとき、イエズス会設立のラ・フレーシュ学院で教育を受けた。イエズス会の創設者イグナチオ・デ・ロヨラはキリスト教の伝統のなかで魂を準備し調える方法を教示する書『霊操(Exercitia spiritualia)』を著した。キリスト教の修道会には思考の制御を瞑想の一つの目的とする流れがあったが、(31)この書はその集大成という意味をもつ。デカルトが学んだ時期のラ・フレーシュ学院で実際にイグナチオの霊操が行われていたとは、文献上断定することはできないようであるが、デカルト研究者たちは『霊操』とは別の資料に依拠して、キリスト教の霊的修練がデカルトに影響を与えたことを証明しようとしている。霊的実践として説かれる「自己の無化」や「自己の放棄」をデカルトは学問において実践したのではないか、と津崎良典は述べている。(32)神学的メディタチオは啓示された真理によって信仰を強化し原罪から浄化することを目指すのに対して、哲学的メディタチオは過去の過謬に満ちた意見から解放され学問的な確実性に到達することを目指す。デカルトは『省察(Meditationes de prima philosophia)』において哲学的メディタチオを実践したというのである。

デカルトの背景がそういうものであるなら、禅修行という心身の修練によって、日常的経験世界とは違う新たな哲学的思索の空間が開かれると考えることは、決して無理ではなかろう。そう考えたとき、行こそ仏教の核心をなすものであること、仏教の長い歴史のなかで修行の方法とその成果が体系的に整えられてきたことが、豊かな可能性を秘めていることに気付かされる。仏教の行法はキリスト教の霊操と違って、心と身体とを一つにして調える。現存在を身体的現存在として捉える現象学の視点から考えると、修行に身体が参与することは非常に重要な意味をもっている。禅の修行が神秘的体験をもたらすと考える人が多いかもしれないが、西田の日記を読む限り、彼に神秘的体験があったとは考えられない。西田が禅を通して獲得したのは「思想の統一」である。

そして、デカルトにおけるメディタチオの実践が「我思う。故に我在り」を導出したと解するならば、西田が獲得した「思想の統一」は「意識現象が唯一の実在である」というテーゼに表現され、このテーゼが「純粋経験」という概念に集約されたと解することができる。

『善の研究』の最初に書かれた第二編の第一章「考究の出立点」がデカルトを念頭に置いていることは明らかであり、デカルトの「我思う(cogito)」と西田の純粋経験は案外近いところがある。デカルト研究者のアルキエによれば、デカルトは思惟とこの思惟に対する反省とは区別されないと考えている。(33) つまり、コギトとは意識であり且つ自己意識なのである。デカルトと西田のそれぞれにおいて、意識の原点が見据えられていたと言うことができよう。しかし、力点の置きどころは違っている。この力点の違いを哲学の概念から探るのではなく、経験の在りようの違いから考察することはできないであろうか。

七　哲学的メディタチオと禅の修行

デカルトの哲学的メディタチオは哲学の方法的態度として独立し、その際に宗教的性格をもたないものとなる点に、最初に注意しておく必要がある。仏教の修行においては、修行者が全存在的な境位に至ることが求められるため、禅を純粋に哲学の方法と考えることはできない。もしそうしようとしたら、禅修行の意味がなくなってしまう。『善の研究』のなかで西田が禅についてまったく触れていないのは肯ける。そのことを踏まえた上で、仏教の修行において起こる心身の変容が西田の経験理解に決定的な影響を与えているのではないかということを探究してみたい。

仏教の修行法はゴータマ・ブッダの時代にインドで行われていたヨーガのうち、心の働きを統御して最終的に止滅に至らせるタイプのものであったと言われる。[34]仏教の修行の基本がゴータマ・ブッダの修行法にあることは言うまでもないが、仏教の長い歴史のなかで、身体や呼吸の整え方、対象への心の向け方、心の動きの鎮め方などが実践を通して探究され整序されてきた。坐禅は古くから行われていた仏教の修行法の一つであり、中国で坐禅を専修する修行者集団が起こってきて、宗派として確立されたものが禅宗である。

日本に伝来した禅宗の修行法は公案を用いるものと用いないものがある。西田は臨済宗の老師に参禅するが、公案にはなかなか苦労している。三十三歳のときに、京都の広州老師に参禅して、ようやく無字の公案を透過することができたが、そのときの日記には、「午前七時講座をきく。晩に独参無字を許さる。されども余甚悦ばず」[35]とある。これをどう解釈するかは難しいところであるが、西田が禅によって何を得たかということを公案から考察することは不適切であると思われる。「自己の意識状態を直下に経験した時、未だ主もなく客もない、知識と其対象とが全く合一して居る」。[36]純粋経験はこのように説明される。こういう仕方で示される経験の原初的な構造を、私たちは純粋に哲学的に考察しなければならない。

そうであるなら、坐禅という実践そのものから経験の変容を追究するよりほかない。

坐禅の作法は宗派によって大きな違いはないと言われる。現代でも多くの修行者の指針となっている道元の『普勧坐禅儀（流布本）』を見ると、環境の整え方、心の整え方、身体の整え方が簡潔に示されている。心の整え方としては、「さまざまなかかわり合いを放ち捨てて、あらゆる事を休息する。善悪を思わず、是非を判断せず、心意識の運転を停め、念想観の測量を止める。仏になろうと測ってはいけない。どうして坐臥に拘泥しようか」とある。坐ったり臥したりという形に拘泥してはいけないと言われているが、興味深いことに、身体の整え方は心の整え方よりいっそう詳しく示されている。座布団の使い方、結跏趺坐もしくは半跏趺坐という坐り方、衣と帯の付け方、手の置き方、姿勢の正し方などが指示される。さらには「必ず、耳と肩とがまっすぐに対し、鼻と臍とがまっすぐに対すようにせよ。舌は上あごにつけ、唇と歯は上下を合わせる。眼は常に開いていなければならない。鼻息が静かに微かに通うようになり、身相が整い決まったところで、一息に口から深く息を吐きだす。そして、身体を左右に揺すり、たゆむことなく安定して坐る」。このような記述を見ると、身体の整え方がいかに重要視されているかわかる。

坐禅がどのような心身の変容を引き起こすかということは、仏教の修行の全体から考察する必要があり、非常に大きな問題である。ここでは到底そこに立ち入ることはできないが、その端緒について以前に別稿で論じたことがある。[37] それに基づいて、西田の経験理解と現象学者の身体論とをひき比べて、考察の手がかりとなりそうな接点と相違点を探ってみたい。

八　身体知と身体知の自知

修行における心身の変容を考察するのに、メルロ゠ポンティの「身体図式（schéma corporel）」という考え方が一つの示唆を与えてくれる。[38] 彼によれば、私が私の手足の一つひとつの位置を知ることができるのは、私の身体を包み込んでいる一つの身体図式があるからである。つまり、外的事物と私の身体とは異なる空間性をもつ。外的事物がもつのは「位置の空間性（spatialité de position）」であるのに対して、私の身体がもつのは「状況の空間性（spatialité de situation）」である。私の身体は私の「ここ」であるが、この「ここ」は外面的座標との関係で決定された一つの位置などではない。たとえば、私がペン立てのボールペンを取るというような具体的な行為の場面での私の身体の状況を指している。「ここ」という言い方をされる身体空間は、ペン立てとの距離、電気スタンドの光の当たり方、机の上の広がり、本やノートの位置などをその前に現出させ得るための非-存在の地帯なのである。

ここで重要なのは、ペン立てのボールペンを取るとき、的確な手の伸ばし方を私の身体はわかっているという点である。身体図式には「わかっている」という知が含まれており、この「わかっている」は「なし得る」という可能性でもある。[39]この知は意識されないけれども身体のなかに刻印されている行為の形であると言えよう。この行為の形は私の身体の感受の場で時間をかけて刻みつけられるものだと考えられる。

このような身体知は、従来の認識論で一般に考えられてきた知とは根本的に異なっている。従来の認識論では、私は目の前の対象をボールペンとして認知し、そのボールペンを手で掴むという二段階で考えられていた。身体知は、この認知と動作を分けないで全体を一つのシステムとして捉えるものである。別の言い方をすれば、表象を媒介として物と関わるのではないということである。日常的行為のなかにあるこの身体知は研ぎ澄まし磨き上げることのできるものであり、優れたアスリートの動作や熟練した職人の道具の扱いのなかなどにその事例を認めることができる。

これに類する見方は現代の知覚心理学でも注目されている。ジェームズ・J・ギブソンは、環境の中にいる動物が行為するときの物との関係性に注目して、アフォーダンスという概念を提出した。[40]アフォーダンスという発想はいまデザインの分野に大きな刺激を与えている。

しかし差し当たってここで注目したいのは、身体の動かし方や環境の中にある物との関係性などではなく、身体図式に含まれている知の性格である。仏教の修行を考えると、この知は現象学や知覚心理学で考察されている以上に、奥行きのあるものではないかと思われる。仏教の修行は心身の制御そのものを目的とするわけではなく、心身の制御はあくまで真実の智慧の獲得へと向けられる。仏教の修行は身体知を身体知のままにとどめず、身体知を自覚化する方向へ推し進めていくと考えることができるかもしれない。これは知としては独立しない身体知を、明確な自知へと展開させようとするものだと考えられる。この身体知の自知こそ、「自己意識」とは違う「自覚」という語の本来の意味ではないかと思われる。

では身体知の自知は身体知とどのように違うのか。

身体知においては、状況の空間性が位置の空間性とぴったり組み合って齟齬することがないと考えられる。二つの空間性がぴったり組み合うことで、認知と動作が一つのシステムとして成立する。ただしそこにおいて、身体空間と外部空間との対比はあくまで維持される。この対比が維持されるからこそ、身体空間は自己完結することなく、認知を組み込んだ動作が外部空間でそのまま他者と共有されるものとなる。身体知の研究がアスリートの能力開発を目的としたときにめざましい進展を見せたのは、外部空間での動作・運動という目に見える形で変容が現れるからである。

他方、身体知の自知においては身体空間と外部空間との対比は消えると考えられる。一切が身体空間のなかに没入し、外部空間は身体空間へと溶融する。（このとき外部と内部というのは比喩的な言い方に過ぎないが、この言い方を保持することなしに私たちはこの事象を説明することはできない。）状況の空間性は位置の空間性から解き放たれて、より自由になる。そうなることによって身体知はそれ自身、知として現成する。外部空間での動作としてではなく、知として現成するのである。西田が「現前の意識現象と之を意識するといふこととは直に同一」[41]であると述べているのは、この事態を指すと考えられる。意識現象とそれを意識することとが同一であることがどうして知であり得るのか。これは、「SはPである」というような判断とは異なる構造をもつ知であるが、知である以上、何らかの論理的構造をもつのでなければならない。西田の場所の論理はそれに相当するのであろうか。いや、そのように速断することはできない。身体知の自知は根本的な危うさをもっていると思われるからである。

身体知が知としての意味をもつのは、それが外部空間において動作という形で他者と共有できる現れをもつからである。身体知は現象学や知覚心理学が明らかにした新たな知のあり方として、学知の枠組みを拡大しつつ、そこに包摂することができる。しかし、身体知の自知というのはそういう仕方で包摂されることを拒否し、身体知それ自身の内へと沈潜するという方向性をもっている。この自知を私たちが共有できる場はあるのだろうか。

ここで、メルロ＝ポンティの身体の現象学が向かう方向と禅修行のめざす方向とがどう違うのか、改めて確認してみたい。メルロ＝ポンティは、意識が物的世界のなかに自己を投射して身体をもつようになり、その身体をもって行為へと移行していく、という考え方をとる。メルロ＝ポンティの視座は見られる身体（対象）と見る身体（主体）とが交互に移行するところにあり、その交互性そのものに身体の核心をみようとする。身体空間と外面的空間とは一つの実践的体系を形成しており、身体空間は私たちの行動の目的としての対象がその前に現出してくることができるための空虚であるとされる。つまり彼の考えでは、身体はいわば自己と世界とが関係する蝶番の役割を果たすのであり、身体の空間性は行動のなかでこそ完成されることになる。

坐禅では、身体は自己と世界の蝶番の位置から自己の側に一歩引き下がったところを、差し当たっての定位置とすると言えよう。仏教の行法は多彩であり、見るものと見られるものとの関係のどこに定位するかが異なっているが、禅では、見る身体と見られる身体との関係全体が見る身体の方向に押し進められていく。見る身体はもはや外面的空間における行為の主体ではなくなる。行為することは見ることのなかに収めこまれ、身体空間はそれ自体が世界となり、そうなることで身体空間としての意味を消していく。

禅修行によって導かれる心身の状況は、西田の自覚や場所の考え方と符合するところがあるが、西田の思想はメルロ＝ポンティの立場からすれば、完全な観念論だということになるであろう。フッサールは一貫して、世界の意味を超越論的主観性の志向的構成によって解明することを現象学の課題とする超越論的観念論という立場に立つ。しかしメルロ＝ポンティにとって、現象学とはあらゆる種類の観念論を排除するものである。「現象学的還元とは、一般に信じられてきたように観念論哲学の定式であるどころか、実存的な哲学の定式である」[42]。彼は、一方で身体は実存が凝固化または一般化したものであり、他方で実存は不断の受肉であるとして、両者の切り結ぶところこそ具体的事象だと考える。[43] この考え方からすれば、西田の思索はその切り結ぶところからどんどん外れてゆき、世界から身を退いていくものと見えるのではないか。

だが、西田は自らの思索が事象の具体性に徹底的に肉薄するものであることを確信している。世界から身を退くのではなく、世界の方が新たな奥行きをもって立ち現れたのだという確信である。とはいえ、これはまだ推測に過ぎない。これを推測以上のものにするためには、西田の思索の背景となっている仏教がどのような世界を拓いてきたかというところにまで立ち戻って考察していかなければならない。

九　現象学的還元と身体的間主観性

しかしその前に、現象学の立場についてもう少し根本的なことを確認をしておく必要がある。

ヨーロッパ近世哲学の成立は新たな哲学的思索空間を拓くという仕方でなされたわけであるが、フッサールにはそれを拓く方法的探究を受け継いでいるという意識がある。フッサールは『デカルト的省察（Cartesianische Meditationen)』で「…フランス最大の思索者であるルネ・デカルトはその省察によって超越論的現象学に新しい刺激を与えた。デカルトについての研究は直ちに、すでに生成されつつあった現象学を超越論的哲学という新しい形に変革したのである」[44] と述べている。デカルトの省察を哲学的自己省察の模範とすることで、フッサールは現象学の領野を開く「現象学的還元」の方法を練り上げていく。その後、この「デカルト的道」を批判するような言説もなされるが、その批判は還元の方法をさらに練り直すという側面をもつ。フッサール現象学における還元の重要性は疑い得ない。

現象学的還元は「自然的態度のなす一般定立」を「停止する」という手続きである。[45] 私たちが対象を見るとき、その対象が何ものかとして「存在している」と自然に思ってしまうわけであるが、その定立を停止することで超越論的意識の領野が残る。定立を停止することは「括弧に入れる」とか「エポケーする」いう言い方で示されるが、それは、現象学者が定立を停止する前にすでに定立はなされてしまっているからである。定立がすでになされてしまっているから、つまり対象(および世界)はすでに現れているから、私たちにおけるその現れ方を見ることができる。完全に定立を停止することなどできない。「括弧に入れる」「エポケーする」という言い方はその不完全さを表している。

メルロ゠ポンティは『知覚の現象学』において、完全な現象学的還元は不可能であるとはっきりと述べる。[46]しかし彼は還元という手続きを否定したわけではない。逆に、還元が不完全であるところに、還元の意義を認める。彼は、還元がそもそも内包している矛盾と向き合い続けることを求める。それがまさにフッサールの還元の意味するところだと考える。フッサール以降、現象学は多様な展開を見せるが、メルロ゠ポンティの考えでは、それらはすべて現象学的還元を土台として現れているのである。そして、この還元の不完全性こそ先述の「作動的志向性」を指し示すものだと解される。

還元をこのように理解するメルロ゠ポンティは、「哲学とは己れ自身の端緒のつねに更新されてゆく経験である」[47]と述べる。この言葉は西田の哲学のあり方にもそのまま当てはまる。西田において「純粋経験」という概念で捉えた経験は決定的な意味をもつものであったが、その後の西田の思索は決してこの経験を解明するだけのものではなかった。哲学の思索そのものがその経験を掘削する経験となるという仕方で、己れ自身の端緒を更新し続けたと言える。その一方で、還元の問題は現象学と西田との根本的な違いを指し示す。それは「定立(Thesis, Setzung)」の捉え方、つまり「在る」ということの捉え方である。これは形而上学の核心をなす問題であり、別稿で改めて論じたいと思うが、西田の「在る」ことの掘り下げが現象学の還元の限界を超えていくことを余儀なくさせる。西田がフッサールの志向作用を表象的なものとしたのも、還元という手続きの限界と関係していると考えられる。

先に、メルロ＝ポンティは見られる身体と見る身体との交互性に身体の核心をみようとすると述べた。この交互するところがコギトの「私」だと言うことができよう。見られるこの身体がそれを見る身体であること、そのことが身体の動性において把握されるということ、それが「私」の成立の基盤となる。私の見られる身体は私によって見られる私であると共に、他者によって見られる私でもある。相互の見られる身体は私と他者との間である程度共有され、この共有が社会的関係の基盤となる。この共有される見られる身体の背後には、それぞれの見る身体というあり方が張り付いており、そのあり方は自他の社会的関係から絶えず自己をはみ出させるとともに、自他の社会的関係へ自己を絶えず連れ戻す。

フッサール後期の発生的現象学の主要なテーマが「間主観性（Intersubjektivität）」であるように、他者の問題は現象学において際立って重要である。フッサールやメルロ＝ポンティの志向性の究明は対象が現出する志向的主観性の究明を意味し、この主観性は各自的なものとしてダン・ザハヴィが「一人称パースペクティヴ」と呼ぶ特質を備えている。この主観的意識において他者の現出をどのように説明するかという問題が、どういう現象学を構想するかという問題に直ちに繋がってくる。その説明ができないならば、独我論に陥りかねない。

この問題に関してメルロ＝ポンティは身体的間主観性を語る。[48] 私は私の身体から「出発して」他人の身体や他人の実存を理解することができ、私の「意識」と私の身体との共現前は他人と私との共現前にまで広がっていく。そういうことが起こるのは、「私はなし得る」ということと「他人が実存する」ということが同じ世界に属するからであり、自分の身体が他人の前兆で自己投入が私の受肉の反響だからであり、感覚の閃光が「始源の絶対的現在」においてそれらを置換可能にするからだというのである。他人の構成は身体の構成の後に行なわれるものではなく、他人も私の身体も「根源的脱我（l'extase originelle）」から同時に生まれてくる、という言い方もされる。[49]

ここでメルロ＝ポンティはぎりぎりのところまで西田に近づくが、彼の身体的間主観性についての語り口は西田よりはるかに屈折の多いものであり、その立ち位置から捉える事象の複雑さを表している。そして、その屈折した語り口に真っ向から切り込むように、根源的脱我を語る地平そのものを徹底的に否定するのはレヴィナスである。「現象学は一個の哲学的方法である。けれども光のうちに定位することによって了解しようとするものである限りにおいて、現象学は存在そのものの究極的出来事ではない」と述べて、レヴィナスは現象学をはみ出す「夜の出来事」を語ろうとする。(50) しかも、彼は現象学的方法に依拠した概念を用いてそれを語ろうとする。レヴィナスの他者についての語り方は現象学者たちのそれと大きく異なり、光のうちにない「他性(altérité)」を語る。

十　現象学と現象学を越え出るところ

では、レヴィナスの「夜の出来事」とはどういう事象であろうか。彼はさまざまな仕方でそれを語るが、ここでは「宗教」の語を用いている一節を引用しよう。彼はハイデガーの存在論を批判したあとでこう言う。

それゆえに、他者との関係は存在論ではない。このような他者との絆は、他者の表象としてではなく、その祈願として扱われるのだが、そこでは祈願に先立って理解があるのではない。私たちはこのような絆を宗教と呼ぶ。言説の本質は祈りである。ある事物を対象とする思考をある人との絆と区別する、それがこの絆において呼格が明瞭になるということなのだ。言い換えれば、命名されたものは同時に呼びかけられたものであるのだ。

神という語も聖なるものという語も発することなく、宗教という用語を選ぶことで、私たちはまず、オーギュスト・コントが『実証政治学』の冒頭でこの用語に付与した意味を思い浮かべた。いかなる神学も、いかなる神秘主義も、先に示した他者との邂逅についての分析の背後に隠されてはいない。また、その分析の形式的構造を浮き彫りにすることが私たちには重要であった。つまり、邂逅の対象は私たちに対して、また同時に私たちと共にある社会において、付与されるのだ。その際、この社会性という出来事が、所与において明らかとなる何らかの特性に還元される可能性はないし、また認識が社会性に対して優位に立つということもあり得ない。にもかかわらず、宗教という語は次のように告げねばならぬのか。人間関係は理解というものには還元不可能なわけだが、それによって権力行使からはまさに遠ざかる。人間関係は実に人々の顔から「無限者」に接するのだ。もし宗教という語がこういうことを告げなければならないならば、私たちはこの語の倫理的な響きと、そのカント的な反響をすべて受け容れるであろう。(51)

「夜の出来事」とは「宗教」の事象である。ジャニコーはフランス現象学の神学的転回ということを語り、レヴィナスをその一つの典型として論じているが、レヴィナスの思想に対して神学と言う語を用いるのは不適切である。神学の脈絡にあるのは存在論である。レヴィナスの顔の倫理は、本稿の文脈ではカント以来の宗教哲学の系譜を的確に受け継ぐものと位置づけられる。宗教哲学は存在者と存在者の生きた関係を思索の現場とするものであり、この現場をどれだけ深く掘り下げることができるかが宗教哲学という philosophieren の課題であろう。

レヴィナスにおける他者との遭遇は「顔」を通じてなされる。「顔」は感性的なものでありながら、感性的なるものを破り、その彼方を拓き出す。この「顔」の追究には、フッサールやメルロ＝ポンティの身体をめぐる現象学的探究が、否定を介して繋がっていると言えよう。ここで注意したいのは、「顔」がカント的な道徳的主体とは異なる位相の「行為する人間」を指し示すという点である。本稿の「上」で、カントの道徳および理性宗教においては人間は唯一的な「個」として扱われないことを指摘したが、キルケゴールによれば、そもそも道徳的主体は唯一的個人ではあり得ない。私たちが唯一的個であるのは、道徳への絶望を介して、つまり私たちにとって無限の逆説

である神を信ずることにおいてである、とキルケゴールは考える。(52)

しかし、現代の私たちは唯一的個として生きるだけでは済まない。本稿「上」で、現代の宗教哲学の課題は「個」の位相と「人類」の位相との乖離であることを述べた。その場合の「人類」は自然科学が対象とするヒトという類を指し、各人はそのヒトのサンプルを意味した。レヴィナスが社会性を語るときに、私たちが注意しなければならないのは「社会」もまた「人類」の位相にあるということである。社会科学が対象とするのは社会のピースとしての人間である。この両者は異質でありながら、密接に関係して、現代世界の「人類」を具体的なものにしている。宗教哲学は、現代世界では「個」よりも「人類」がいっそう大きな実在性をもつということに注目しなければならない。同時に、人類の実在性は個の実在性とは異質の危うさと脆さをもつことにも注意を払わなければならない。

「個」の位相と「人類」の位相とに橋渡しをし得るものがあるとすれば、それは身体というものが孕む可能性であろう。本稿が身体性に注目する所以である。しかし、現代人の生活世界の中に急速にデジタル空間が拡大しつつあり、その拡大は生活世界における実在性そのものを侵食する危険性を秘めている。デジタル空間には決して顔は現出しないであろう。

仏教にまで言及する紙幅がなくなったので、最後に、仏教がどのような仕方でカントやレヴィナスが語るような「宗教」であるかについてだけ触れておきたい。

十一　仏教で説かれるもの

仏教の宗教としての性格を最もよく示すのは、沙門や婆羅門たちが論争していた諸問題についてゴータマ・ブッダが答えなかったという話である。(53) 諸問題とは、世界は永遠であるか否か、世界は有限か否か、生命と身体とは同一か異なるか、人は死後にも存在するか否か、如来は死後にも存在するか否か、といった西洋哲学の伝統では形而上学と呼ばれる種類の問題である。

ブッダはこれらの問題を議論すること自体を退けたわけであるが、それは何故か。ブッダは言う。「(これらの問題を)世尊が説かないうちは、わたしは世尊のもとで清らかな行ないを実践しません、という人がおれば、マールンキャープッタよ、その人は、如来によってそれが説かれないうちに、死んでしまうであろう」(54)。つまり、形而上学的問題に先立って、生死に関わる切迫した事柄があるというのである。この切迫性は、「毒矢で射られた人」という比喩によって示される。

毒矢に射られた人は何よりもまず毒矢を抜かなければならないはずである。しかし、毒矢を抜くという具体的な問題に際しても、いろいろなことを言う人がいる。すなわち、毒矢を射った者の階級や職業を知らなければ矢を抜き取らない、矢を射た人の名前や背の高さ、皮膚の色、住所などを知らなければ抜き取らない、弓の種類や素材や矢についた羽の種類などを知らなければ抜き取らない、等々(55)。つまり、形而上学的問題の考察だけでなく、日常の物質的な事柄や社会的な事柄についての考察も、私たちが切迫した事柄に立ち向かうのを妨げる。

この毒矢の喩えは複数の初期経典に記されており、私たちは毒矢に射られた人であり、急いで毒矢を抜かなければ死んでしまう存在である、というブッダの基本的な人間の捉え方を示している。毒矢は「苦(s: duḥkha)」という概念で表現されることになり、毒矢を抜くこと、つまり苦を脱却することが人間の差し迫って重要な課題とされる。この課題は実践的なものであり、どうしたら苦を脱却できるかということは現実の世界を生きることにおいて考え抜かれねばならない。なお、苦とは何か、いかにして苦を脱却するか、という実践哲学的思索は形而上学的諸問題と無縁であるわけではない。ブッダが形而上学を否定したといっても、彼の説法の内にもこれらの問題は潜んでくる。

そして苦の脱却に向けて説かれるのは「清らかな行ない」、つまり修行である。毒矢を抜く実践は一途にこの修行に向かう。仏教修行者は家を捨ててサンガに入る。つまり、社会生活が営まれる空間を出て、瞑想の空間を生きることになる。この瞑想の空間が先に私たちが身体空間として考察したものにつながるが、仏教者にとってメルロ＝ポンティが語るような身体空間はまだ入り口にすぎない。その奥に広く深い世界が広がっている。出家修行者は日々この世界を生きる。

仏教には、レヴィナスが語る宗教とは違う形をとるにもかかわらず、やはり宗教と呼ぶべき事象がある。

おわりに

本稿「下」でめざされたのは、西田の思想を現代世界の課題と向き合う思索の土俵に置き入れることであった。その土俵が宗教哲学であった。西田の「純粋経験」という経験のあり方を現象学の視点で概観したことによって、純粋経験が独自の心的世界を示唆するものであることが見えてきた。その心的世界が現代の宗教哲学の課題に対してどのような意義をもつかはまだ未知数であるが、大きな可能性をもつということは言えるであろう。その可能性を追究するには、純粋経験の背景となっている仏教が宗教哲学的考察の視野に入ってこざるを得ないことが、改めて見えてきた。

なお、本稿は「企投する思索――宗教哲学・西田哲学・仏教――（上）」（『哲学研究』第六百八号）とともに二〇二一年十一月三日の京都哲学会での講演の内容に加筆修正したものである。

注

（1）『西田幾多郎全集』（全十九巻、安倍能成他編、岩波書店、一九七八―一九八〇年）第一巻、六―七頁。

（2）高橋里美「意識現象の事実とその意味―西田氏『善の研究』を読む―」（一九一二年）、『西田哲学選集』別巻二、燈影舎、一九九八年。
（3）『西田幾多郎全集』第一巻、九頁。
（4）同書、同箇所。
（5）同書、一一頁以下。スタウト（George Frederick Stout）やジェイムズ（William James）らの心理学の論考が手がかりとなっている。
（6）同書、一七二頁。
（7）同書、一七一頁。
（8）『西田幾多郎全集』第十五巻、一七二、一七八頁。
（9）同書、同箇所。
（10）西田は純粋経験派を「純粋経験といふことを唯一の立脚地として論理的価値の問題をも之から論じようとする」立場、純論理派を「実在といふことから全く離れて真理の基礎を立てようとする」立場であると規定している（『西田幾多郎全集』第一巻、二〇九頁）。十九世紀後半から二十世紀初頭は経験科学としての心理学の台頭した時期である。一般的に言うと、学の真理性を支える論理的諸概念や規則の成立は心理学によって説明できるとする立場が心理学主義であり、論理学や数学を構成する理念的対象は心的なものから独立していると考えるのが論理学主義である。
（11）Edmund Husserl, *Logosche Untersuchungen, II. Band, I. Teil*, Max Niemeyer Verlag Tübingen, 1968, S. 398.
（12）Edmund Husserl, *Ideen zu einer reinen Phänomenologie und phänomenologischen Philosophie, I. Buch.* Husserliana Bd. III, Haag Martinus Nijhoff, 1976, §31.
（13）Maurice Merleau-Ponty, *Les Sciences de l'homme et la phénoménologie*, Paris: Centre de documentation universitaire, 1975, p. 15. M・メルロ＝ポンティ著、滝浦静雄／木田元共訳『眼と精神』みすず書房、一九八四年、二三頁。
（14）*Ibid.*, p. 10. 同書、一七頁。
（15）*Ibid.*, p. 77. 同書、九五頁。

(16) もっとも、研究者によってその関係は必ずしも生産的であるわけではない。経験科学と哲学との立場の違いは容易に乗り越えられるものではなく、この種の研究はそれぞれの立場そのものが問いにさらされる性格をもつからである。

(17) Edmund Husserl, *Erfahrung und Urteil: Untersuchungen zur Genealogie der Logik*, ausgearbeitet und herausgegeben von Ludwig Landgrebe, Academia Verlagsbuchhandlung, Prag, 1939, §10. エドムント・フッサール著、長谷川宏訳『経験と判断』河出書房新社、一九七九年、第十節。

(18) 『西田幾多郎全集』第十五巻、一七二頁。

(19) Edmund Husserl, *Die Krisis der europäischen Wissenschaften und die transzendentale Phänomenologie*, hrsg. von Walter Biemel, 2 Auflage. Husserliana Bd. VI, 1962, §5.

(20) 『西田幾多郎全集』第五巻、一四九頁。

(21) Edmund Husserl, *Ideen zu einer reinen Phänomenologie und phänomenologischen Philosophie, I. Buch*, S. 106-107.

(22) 『西田幾多郎全集』第五巻、一四八頁。

(23) 『西田幾多郎全集』第五巻、一九七九年、三四九―三五〇頁。

(24) 『哲學論文集第一』(一九三五年)に「現今の現象学に於ては、事物に即すると云っても、それは意識の立場に於て見られたものたるを免れない。而もかかる現象学といふものの成立するのも、既に主客相反するものの自己同一といふ弁証法的立場に於てであると思ふ」(『西田幾多郎全集』第八巻、一九七九年、四頁)とある。

(25) M. Merleau-Ponty, *Phénoménologie de la perception*, Gallimard, Paris, 1945, p. XIIf.. M・メルロ=ポンティ著、竹内芳郎・小木貞孝訳『知覚の現象学1』みすず書房、一九八二年、一九―二〇頁。参考:Dan Zahavi, *Phänomenologie für Einsteiger*, Wilheim Fink Verlag, 2018, p. 41f.. ダン・ザハヴィ著、中村拓也訳『初学者のための現象学』晃洋書房、二〇一九年、三六頁。

(26) M. Merleau-Pnty, *Phénoménologie de la Perception*, p. 38. 『知覚の現象学1』七〇頁。

(27) *Ibid.*, p. 37. 同書、六九頁。

(28) 『西田幾多郎全集』第一巻、一三頁。

(29) M. Merleau-Pnty, *Phénoménologie de la Perception*, p. 38. 『知覚の現象学1』七〇頁。

(30) 『西田幾多郎全集』第十八巻、五一頁。

(31) セドリック・ジロー著、津崎良典訳「西洋中世から謹製までのキリスト教的瞑想—信心devotioと観想contemplatioのはざまで—」『哲学・思想論集』第四四号、筑波大学人文社会科学研究科哲学・思想専攻発行、二〇一九年。

(32) 津崎良典「デカルトにおける〈メディタチオ〉に関する予備的考察—イグナチオ・デ・ロヨラとフランソワ・ヴェロンとの関連において—」『筑波哲学』第二二号、二〇一四年。

(33) Ferdinand Alquié, *Descartes, l'homme et l'œuvre*, Connaissance des Lettres, Hatier, 1956. F・アルキエ著、坂井昭宏訳『デカルトにおける人間の発見』木鐸社、一九七九年。

(34) 立川武蔵『ヨーガの哲学』、講談社、一九八八年、一六頁。

(35) 『西田幾多郎全集』第十七巻、一一九頁。

(36) 『西田幾多郎全集』第一巻、九頁。

(37) 拙論「仏教の修行における身と心」『身と心の位相—源氏物語を起点として』（寺田澄江・陣野英則・木村朗子編）所収、青簡舎、二〇二一年。

(38) M. Merleau-Ponty, *Phénoménologie de la perception*, p.109.『知覚の現象学1』一六五頁。

(39) 身体における「わかっている」という知、「なし得る」という可能性は、フッサールが「キネステーゼ（Kinästhese）」という概念で追究したことにほかならない。キネステーゼという概念は、発生的現象学で注目される受動的総合という問題と連関している。フッサールは超越論的主観性の対象を構成する能動的な働きの基底に、受動性のレベルがあるのを認める。このレベルは自己意識の問題で言うと、反省的自己意識に対する先反省的自己意識に相当するものである（Edmund Husserl, *Die Krisis der europäischen Wissenschaft und die transzendentale Phänomenologie*, hrsg. von W. Biemel, Husserliana Bd. 6, M. Nijhoff, 1954, S. 164.）。

(40) E. Reed & R. Jones (eds.), *Reasons for Realism: Selected essays of James J. Gibson*, Hillsdale, NJ: Lawrence Erlbaum, 1982. J・J・ギブソン著、エドワード・リード／レベッカ・ジョーンズ編『直接知覚論の根拠—ギブソン心理学論集』、勁草書房、二〇〇四年。

(41) 『西田幾多郎全集』第一巻、四八頁。

(42) M. Merleau-Ponty, *Phénoménologie de la perception*, p.VIIIf..『知覚の現象学1』一三頁。

(43) *Ibid.*, p. 193f. 同書、二七四頁以下。

(44) Edmund Husserl, *Cartesianische Meditationen und Pariser Vorträge*, hrsg. von S. Strasser, Husserliana Bd. 1, Den Haag, Martinus Nijhoff, 1950, S.43.

(45) Edmund Husserl, *Ideen zu einer reinen Phänomenologie und phänomenologischen Philosophie. Erstes Buch*, §30-31.

(46) M. Merleau-Ponty, *Phénoménologie de la perception*, p.VIII. 『知覚の現象学Ⅰ』一三頁。

(47) *Ibid.*, p. IX. 同書、一三頁。

(48) M. Merleau-Ponty, *Signes*, Gallimard, Paris, 1960, p. 221. M・メルロ＝ポンティ著、竹内芳郎監訳『シーニュ2』みすず書房、一九九三年、二九頁。

(49) *Ibid.*, p. 220. 同書、二七―二八頁。

(50) Emmanuel Levinas, *Totalité et Infini*, Martinus Nijhoff, La Haye, 1961, p. XVI. エマニュエル・レヴィナス著、合田正人訳『全体性と無限―外部性についての試論―』国文社、一九九八年、二五頁。

(51) Emmanuel Levinas, *Entre nous: Essais sur le penser-à-l'autre*, Bernard Grasset, Paris, 1991, pp. 20-21. 和訳については上原麻有子氏のご教示を受けた。

(52) ゼーレン・キルケゴール著、大谷長他訳『人生行路の諸段階』（『キェルケゴール著作全集』第四巻、第五巻、創言社、一九九六―一九九七年）。

(53) 浪花宣明訳『原始仏典第5巻　中部経典Ⅱ』春秋社、二〇〇四年、三〇三頁。

(54) 同書、三〇七頁。

(55) 同書、三〇七―三〇九頁。

（筆者　けた・まさこ　京都大学名誉教授／宗教学）

トマス・アクィナスの《モドゥス》研究（二）

――《モドゥス》の倫理的側面――

周藤多紀

一　序

前篇「トマス・アクィナスの《モドゥス》研究（一）――《モドゥス》の存在論的側面――」[1]で論じたように、トマス・アクィナスは、あらゆる有＝善は「モドゥス（modus）」を備えていると主張している。したがって、事物に生来備わる自然本性的傾向（naturalis inclinatio）だけではなく、魂の本質を基体とする善き状態（habitudo）である恩寵（gratia）[2]、魂の能力を基体とする善き習性（habitus）である徳（virtus）[3]、そして恩寵や徳の発現としての善き行為（actus）にも固有のモドゥスがある。[4]

一連の「トマスの《モドゥス》研究」の第二部を成す本稿では、まず（第二節）、トマスが「徳のモドゥス（modus virtutis）」に言及したテクストを精査することで、「モドゥス」がもつ倫理的側面とその内実を明らかにする。また、「徳のモドゥス」と関係する限りで「モドゥス」の存在論的側面と意味論的側面を探求する。[5]続いて（第三節）、真の「徳のモドゥス」ではなく、見せかけの「徳のモドゥス」である「勇気のモドゥス（modi fortitudinis）」を考察することで、事物（有徳な行為）に自体的に備わる「モドゥス」と付帯的に備わる「モドゥス」が区別されることを確認する。最後に（第四節）「行為のモドゥス」を分析することで、「モドゥス」のさらなる多様性を明らかにする。

二　徳のモドゥス

1 「限度」「節度」としての「モドゥス」

トマスは倫理徳の習性について次のように述べている。

倫理徳の習性（habitus）が人間をして、行為や情念においてすみやかに中庸（medium）を選ばせることは明らかである。人が徳の習性を行使して自らの情念や行為を抑制しないならば、感覚的欲求の傾向や、その人を外的に（exterius）動かす感覚的欲求以外のものの傾向からして、徳のモドゥス（modus virtutis）から外れた（praeter）多くの情念や行為が生じざるをえない。(6)

ここでトマスは、倫理徳の特質が中庸に存する、つまり情念や行為において過剰と不足を避け、中間を選択させることを明確にしている。じっさい、節制の徳がなければ、人は感覚的欲求と「その人を外的に動かす感覚的欲求以外のもの」である「生理的欲求」の赴くままに食べ過ぎてしまうだろうし、気前のよさの徳がなければ、他人のためではなく自分のために蓄財・支出しがちになってしまうだろう。したがって、ここでの「徳のモドゥスから外れた情念・行為」とは、中庸を逸した過大ないしは過小な情念・行為を指している。すると、この箇所の「モドゥス」は、「限度」「節度」「適度」といった含意をもつと言えるだろう。

こうした物事（所有物、情念、行為）についての「適量・適度」といった意味での「モドゥス」の用法は、プラウトゥスやテレンティウスの作品や、(7)トマス自身も引用しているキケロやセネカの著作にも見られる。(8)こうした用法は、「思慮に節度を置け（prudentiae tuae pone modum）」[9]といった聖書（『箴言』）のラテン語（ウルガタ）訳の言葉や、大グレゴリオスの説教のなかにも認められ[10]、古典・中世ラテン語をとおして「モドゥス（modus）」の主要な意味の一つであった、と言うことができる。[11]

2　徳の「中庸」

前節で、トマスが、少なくとも倫理徳に関して「モドゥス」という言葉を用いるときには、「節度」「適度」といったニュアンスが認められることを確認した。過剰と不足、あるいは過多と過少を避けるという徳の「節度（modus）」は、徳の「中庸（medium）」とも言われる。たしかに、ある徳に関しては「中庸」という性格をもつことが容易に理解できる。たとえば、節制（節食）の徳の持ち主は、食欲がありすぎとなさすぎの中間の状態を保つことができると考えられる。しかし、勇気の徳の持ち主は、死の危険に立ち向かって戦うという、ある種の極端な状態にあるように思われる。また、知性的徳の持ち主は、物事を正しく認識することができるが、正しく認識するということに関しては不足はあっても、超過はないように思われる。そして、神を対象とする対神徳についても、不足はあっても超過はないように思われる。——信仰を支持する立場からすれば、神を信じすぎるとか、神を愛しすぎるということはないであろう。しかしトマスは、あらゆる徳について何らかの仕方で中庸の性格が認められる、と論じている。[12]

以下では、「徳の中庸」をトマスがどのように理解しているかを考察することで、「徳のモドゥス」の内実を考察する。「モドゥス」の意味の一つが「節度」＝「中庸」であるなら、「中庸」の分析は「モドゥス」の内実のより精確な理解につながると予想される。

トマスは、倫理徳、知性的徳、対神徳について異なる仕方で「中庸」が認められると主張している。したがって、（前篇からたびたび指摘してきたように）「モドゥス」にも多義性があることになる。以下では、倫理徳、知性的徳、対神徳の順に、[13]「中庸」がどのような仕方で認められるのかを分析する。

（1）倫理徳

トマスによれば、究極目的（神）に到るための手段に関して魂の欲求的部分を完成させる徳が「倫理徳（virtus moralis）」であり、そのうちの主要なものは勇気と節制と正義である。勇気と節制は情念を、正義は行為を対象とする倫理徳である。

倫理徳の中庸を説明する際に、[14]トマスは、およそ「規準（mensura）」と「規準を受けとるもの（mensuratum）」が存在するところには、規準に適うという善き事態のほかに、規準を超過するか規準まで達しないという悪しき事態がありうることを指摘している。規準をはさんだ「超過（excessus）」と「不足（defectus）」という事態と比較するなら、規準に適うという事態は中間の位置を占める。これが倫理徳のもつ「中庸・中間性」である。倫理徳がかかわる、魂の欲求的な動きの規準は理性であるから、倫理徳の善・中庸とは「理性の規準・モドゥス（mensura / modus rationis）」と適合することである。[15]しかし、理性の規準に適合するという事態は、理性との関係からみれば最善の状態であるから、「極端」と言える。[16]死の危険に直面しつつ戦う「勇気ある」兵士は、理性の正しい判断に忠実であるという観点からすれば（生命を危険にさらす）「極端な行動」をとっていると言えるが、死の危険に対する恐れの感情を、理性の規準どおりに適度に抑えているという観点からは「中庸」を備えていると言えるのである。じっさい、恐れすぎるなら「臆病」、恐れなさすぎるなら「蛮勇」（大胆、向こう見ず）の悪徳に該当する。

ところで、倫理徳が、それらと関係づけられて「中庸」と見なされる、理性の規準の超過と不足とはいったいどういう事態か。行為や情念における中庸は、多様な「状況（circumstantiae）」——これについては後ほど（第四節）

詳論するが、トマスは「誰が、何を、どこで、いつ、何の助けで、なぜ、どのような仕方で」の七つをその要素としている――に基づいて考察される。[17] 状況が一つでも適切さを欠くと、行為は「超過」と見なされる。例えば、正しくない目的（例えば売名）のためになされる多額の出費には「超過」が認められる。「超過」が認められるのは、出費の額が大きいからではない。理性の規準に基づいてなされる多額の出費は「大度量（magnificentia）」の徳に属する。反対に、為すべき時にそうしなかった場合には不足が認められる。情念における中庸も同様であって、感情の強弱――これもトマスに言わせれば「どのような仕方で」という状況の一つである――だけが超過と不足につながるのではない。例えば、怒るべきではない時に怒る場合には、たとえ激しい怒りではなくても超過が認められる。

このように、徳の中庸は「量に基づいてではなく、正しい理性に基づいて理解される」。[18] したがって、円の中心が真ん中であるというような仕方で、徳は対立する悪徳と等距離に隔たったものとして位置づけられるのではない。[19] じっさい、トマスは、アリストテレスの記述に依拠しつつ、勇気の徳は、臆病よりも大胆（向こう見ず）の悪徳に近いことを指摘している。[20] また、アリストテレスが『ニコマコス倫理学』第二巻で示唆しているのと異なり、[21] 徳が中間に位置づけられるために、対立する二つの悪徳と関係づけられる必要はない。じっさい正義に対立する悪徳は不正義しかない。[22]

すべての倫理徳の中庸は、理性の規準に適合することで成立するのであるから、理性が確立する中庸という意味で「理性の中庸（medium rationis）」と言うことができる。[23] 情念を対象とする節制や勇気が、情念が生じる欲求能力のうちに中庸を確立するのに対し、行為を対象とする正義は、行為が及ぶ外的事物（res）において中庸を確立する。したがって正義の場合には、「理性の中庸」（理性が確立する中庸）は「事物の中庸（medium rei）」（事物において確立される中庸）でもあるのである。[24]

「事物の中庸」は、各人の個別的条件とは無関係に一定の仕方で確立される。「各人に各人のものを帰す」という正義の原則は、[25]基本的に各人がどんな人であっても、善き人でも悪しき人でも、怒りっぽい人にも穏和な人にも適用される。[26]「事物の中庸」である「正義の中庸」においては、中庸（適度）は、個人差抜きに、千円（シャツ一枚）、十五万円（初任給月額）、二百万円（首相の俸給月額）といった一定量（額）で示される。財の交換（売買）や貸借に関わる「交換的正義（justitia commutativa）」によれば、首相であろうと一介の公務員であろうと、千円借りたら千円返さなければならないし、ものを買ったらその代価を支払わなければならない。財の分配に関わる「分配的正義（justitia distributiva）」によれば、一国の首相の給料は一介の国家公務員の給料と同じであってはならない。二つの身分の価値が異なるからである。そして、いずれの正義も、他の人格に対する事物の正しい比（proportio）を確立する。[27]交換的正義の中庸は「四と八の中間は六である」というような「算術的比例性（proportionalitas arithmetica）」によって、分配的正義の中庸は「四と九の中間は六である」というような「幾何学的比例性（proportionalitas geometrica）」によって理解される。[28]算術的比例性は三項の間が同じ量であるような場合（八マイナス六は二であり、六マイナス四は二である）に、幾何学的比例性は三項の間が同じ割合であるような場合（六分の四と九分の六はいずれも三分の二である）に成立する。

他の倫理徳の「理性の中庸」（理性が確立する中庸）は、「個人の異なる条件に即して考察される」[29]あるいは「情念によって動かされる我々との関係で確立される」[30]中庸である。「事物の中庸」ではない、正義以外の倫理徳の中庸は、各人の個別的・身体的な条件抜きには確立できない。[31]節制の徳の中庸たる適度な「食欲」は、各人の体質・体格や生活によって大きく異なり、事物（食物）の一定量によって示すことはできない。三〇〇グラムの米飯を食べることは、女性事務員にとっては多すぎるが、男性運動選手にとってはそうではないだろう。さらに、どんな人であっても、激しい肉体運動を伴う日とそうではない日では、体調が優れている時とそうではない時では、食物の適量は異なっている。

（2）知性的徳

トマスによれば、究極目的（神）に到るための手段に関して魂の認知的部分を完成させる徳が「知性的徳（virtus intellectualis）」である。知性的徳は、論証の第一原理を対象にする「直知（intellectus）」、論証の結論を対象にする「学知（scientia）」、存在するものの第一原因を対象にする「知恵（sapientia）」、制作物を対象にする「技術知（ars）」という四つの思弁的な徳と、「思慮（prudentia）」という行為を対象にする実践的な徳に分かたれる。

知性的徳における中庸は、知性が認識対象である事物・事実（res）と合致することにある。[32] 思弁的な知性的徳の中庸は、存在するものを存在すると判断することにある。というのも、存在しないものを存在すると判断する場合には超過が、存在するものを存在しないと判断する場合には不足が認められるからである。実践的な知性的徳である思慮の中庸も、事物・事実との合致に存している。思慮が善いものを善い、悪いものを悪いと判断させる時、実践知性は道徳的事実と合致し、中庸が成立する。なぜなら、悪いもの（善くないもの）を善いと判断することは一種の超過であり、善いものを悪い（善くない）と判断することは一種の不足だからである。このように、知性的徳の中庸・モドゥスは、中庸が（判断という）理性の働きそのものにおいて成立するという意味で「理性の中庸・モドゥス」であるということができる。[33]

知性的徳の中庸の規準は事物・事実にあるので、実践的な知性的徳である思慮は道徳的事実という規準によって計られるものであるが、同時に、欲求能力に対して「かくあるべし」という規準を与えるものである。[34] したがって、「思慮の中庸・モドゥス」は、事物・事実という尺度によって計られるものである「思慮自体において確立される中庸」を指すだけではなく、思慮がこの中庸を尺度として「欲求能力のうちに確立する中庸」も指す。後者は（魂の欲求能力を基体とする）倫理徳における中庸であって、情念や行為を計る尺度となる。[35] このように、「尺度」となるものは、ほとんどの場合、計られるという性格と他のものを計るという性格を兼ね備えている。じっさい秤は、原器に基づいて計測されるものであると同時に他の物質を計測するものである。「尺度」という意味で用いられる、ラテン語の「モドゥス」やギリシア語の「メトロン」が、（ⅰ）尺度と（ⅱ）尺度によって計られるもの（大きさ、長さ、量）という二義性をもっているのは、[36]「尺度」がもつ、こうした二重の性格を反映していると考えられる。

（3）対神徳

トマスによれば、究極目的（神）に直接関係する徳、神を認識したり、求めたり、愛したりするように人間の認識・欲求能力を完成させる徳が対神徳（信仰・希望・愛徳）である。対神徳の場合、完成の規準は人間の理性ではなく、神ご自身にあるから、神よりはるかに劣る、（人間の魂の習性という）ひとつの被造物にすぎない対神徳は、いかにしてもその規準に完全に到達しえないのであって、超過することなどありえない。――「人間は、神が愛されるべきであるその極みまで愛することはけっしてできず、また神を信じ、希望すべきであるその極みまで信じ、希望することはできない」[37]。このように、規準に対する不足はあっても超過はないので、対神徳そのものは中間・中庸の性格をもたない。

しかし、付帯的な仕方では対神徳についても中庸が理解されうる。[38] 無限に善きものである神ご自身を望みすぎることはありえないが、自分の分を超えて、天国に行くことができると希望（慢心）したり、天国に行く資格がありながら、天国に行くことができないと絶望したりすることはありうる。したがって、希望の徳は、慢心と絶望の悪徳の中間に位置づけられうる。また、神を愛する内的行為（身体を伴わない意志のはたらき）にも超過はありえない。[39] 神への愛のしかるべき在り方（modus）は、「規準（尺度）によって測られるモドゥス」ではなく「規準（尺度）であるモドゥス」だからである。[40] 神を愛すれば愛するほど、その愛はより善い。しかし神を愛する外的行為（例えば礼拝）は人間の理性を規準として規制されるべきであり、その限りにおいて愛徳に中庸が成立しうる。つまり、礼拝すべきではない時・場所や仕方でする、すべき時・場所や仕方でしない場合に、超過と不足が認められるのである。[41] 信仰についていえば、一つの真なる命題は二つの偽なる見解の中間にある、という仕方で中庸が理解されうる。たとえば、キリストにおいて一つのペルソナ（子）と二つの本性（人性と神性）があるという真なる信仰箇条は、二つのペルソナと二つの本性があるとするネストリオスの異端と、一つのペルソナと一つの本性のみがあるとするエウテュケスの異端の中間として位置づけられうる。[42]

3　有徳な行為の本質的な「在り方」

以上の徳の中庸についての考察から、「徳のモドゥス」について次のことが言えるだろう。徳の「モドゥス」という表現は、倫理徳と知性的徳については「中庸」という意味での「節度」を含意しているが、対神徳については本質的にはそうではない。したがって、徳の「モドゥス」は「節度」に限られない含意をもっていると考えられる。

じっさい、「徳のモドゥス」の他の用例は、徳の「モドゥス」が「節度」に限られない、広い意味での徳の「在り方」を指していることを示している。トマスは、中庸という性格を本質的にもたない対神徳についても「モドゥス」という表現（たとえば「愛徳のモドゥス（modus caritatis）」）を用いている。[43] さらに、以下に取りあげる用例からも、徳の「モドゥス」の意味が「節度」や「中庸」に限定されないことが確認できる。

トマスは『神学大全』第二部の一第百問第九項「徳のモドゥスは律法の規定（praeceptum legis）のもとに含まれるか」の主文で、アリストテレスに依拠しつつ、徳のモドゥスは三つの要素から成ると述べている。

アリストテレスが『ニコマコス倫理学』第二巻で述べているところによると、徳のモドゥスは三つの事柄に存する。その第一は、或る人が知っていて（sciens）行為する、ということである。…第二は、或る人が意志する、あるいは選びかつそれ自体のゆえに選んで行為する、ということである。このことのうちには二つの内的な動き、すなわち意志の動きと意図の動きが含まれているが、それらについては先に述べた。…第三には堅固な揺るぎない状態で（ut firme et immobiliter habeat）で行為する、ということである。そして、こうした堅固さは習性（habitus）に固有に属するものであって、或る人が根付いた習性から行為していることを意味する。

アリストテレスは『ニコマコス倫理学』第二巻第四章（1105a28-a33）で、徳ある行為として認定されるためには行為が一定の状態にあること（πως ἔχῃ）では十分ではなく、行為者が一定の状態で行為すること（ό πράττων πῶς ἔχων πράττῃ）が必要であるとし、行為者に求められる三つの条件を示している。トマスが徳のモドゥスの三つの要素として提示しているものは、この三つの条件に対応している。[44]

第一の要素は、当の状況のもとで自分が何をしているのか、何をすべきかを行為者が知っていて行為することである。[45] 敵が強いとは知らずに戦っている兵士は、死の危険に直面しているとは言えず、したがって「勇気がある」とは言えない。

第二の要素は、為すべきことを意志し、その目的（当の為すべきこと）を達成するための手段を、その目的を達成するために選択することである。[46] じっさい、非難を恐れて隣人を助ける人は「親切」とは言えない。また、称賛を求めて他人のために出費する人も「気前がいい」とは言えない。親切な行為や気前がいい行為が有徳な行為であるがゆえに行おうと欲し、自らが置かれた状況のなかで親切や気前のよさを実現するための手段となる行為を選び、よろこびをもってその行為を行う人が「徳ある（親切な・気前のよい）人」なのである。この第二の要素には意志の内的働きが関与している。まず、為すべき事柄（例えば親切な行為）が目的として意志される（トマスの言葉では「意志」）。(47) 続いて、その目的（親切な行為）を成し遂げようとして、それが目指される（トマスの言葉では「意図」）。さらに、意志が理性（知性）と協働することで、目的への手段となる具体的行為（例えば物品の提供）が「選択」される。(48)

第三の要素は、行為者が「堅固な揺るぎない状態で」行為していること、つまり習性から行為していることである。引き受けた仕事が、時間や資金の面から困難になっても、決然として投げ出さない人が「忍耐」の徳をもつ人である。

上述の三つの要素は、徳ある人の行為の在り方の特徴と言えるものであるから、この場面での「徳のモドゥス」は、徳が要求する行為者と行為の在り方という意味で「徳の在り方」あるいは「有徳な在り方」（創文社訳）という訳があてはまる。

徳は「習性（habitus）」だから、「徳のモドゥス」は本来「習性の在り方」を指すのであって「行為（actus）の在り方」を指すのではない。しかしトマスは「徳」という名称が「徳の行為」を指すのにも用いられることを認めている。(49) 徳それ自体は魂の中にあって、しかも現実化されていないもの（習性）だから、徳それ自体について語ることができる事柄はごく限られている。したがって「徳のモドゥス」という表現は、ほとんどの場面で「徳」が「徳の行為」に拡張された意味で用いられている、つまり「有徳な行為の本質的な在り方《モドゥス》」という意味で用いられていると考えられる。(50)

倫理徳と知性的徳の場合、有徳な行為の本質的な在り方《モドゥス》は、先（本節１・２）に論じたような「節度」とも訳されるべき「中庸」の状態を含んでいるように思われる。しかし、有徳な行為者に要求される上述の三つの要素は、少なくとも一見、中庸という要素を含んでいない。上述の三要素と中庸とはどのような関係にあると考えればいいのか。

トマスは、中庸について、徳の定義のうちに置かれる徳の本質規定《ラチオ》の一部であって、徳であるためには、さらに「選択的習性、つまり選択に基づいてはたらく習性である必要がある」と述べている。[51] トマスのアリストテレス的な徳の定義によれば、徳は「善き選択的（作用的）習性」である。[52] このうち「善き」という部分の内実は、倫理徳と知性的徳の場合は「中庸」であると考えることができる。徳がなぜ善いのかというと、理性の規準にしたがうからであり、理性の規準にしたがうものには中庸の性格が見いだされるからである。それに対して先述の三要素は、徳が「選択的習性」であるために必要とされると考えることができる。

まず、為すべき行為が何かを知らずに当の行為を選択することはできないので、あるいは何をしているか知らずに当の行為を選択していることはありえないので、第一の要素たる「知」の要件は、第二の要素たる「選択（的）」のうちに含まれている、ということができる。[53] 相手の女性が既婚者と知らずに性的関係をもった男性は、既婚者との性交（姦淫）を選んだわけではない。第三の要素である「堅固さ」は「習性」であるために必要とされる。「習性」とは「動かしがたい性質（qualitas difficile mobilis）」[54] であるからである。つまり、第一の要素と第二の要素は徳が選択に関わるもの（「選択的」）であるために、第三の要素は「習性」であるために必要とされる。したがって、上述の三要素は併せて徳が「選択的習性」であるために必要な条件を成している、と言えるのである。

徳のモドゥスに必要とされる三つの要素を提示する際、トマスは、アリストテレスに依拠していたが、そのアリストテレスは、行為が一定の状態にあることだけでは十分ではなく、行為者が一定の状態にあることが必要だ、としていた。したがって、先述の三要素は、行為者が有徳であるために必要とされる条件であって、行為者から切り離して考察された有徳な行為に備わる条件ではないと考えられるのである。[55] そして「有徳な行為の本質的な在り方」は、有徳な行為者に必要とされる条件と、有徳な行為に必要とされる条件の双方を含んでいなければならない。その行為側の条件が、倫理徳と知性的徳に関しては「中庸」であると解釈できる。

倫理徳と知性的徳に関していうと、個々の有徳な行為は、徳ある行為者が中庸を備えた行為を意図・選択することで生じる。したがって、中庸の行為は、有徳な行為者の行為の目的であり、選択の対象であると言える。トマスは、行為論や徳論の文脈で、「対象（objectum）」という代わりにしばしば「質料（materia）」という言葉を用いている。[56] こうしたトマスの語法にそくすると、たとえば「節制の徳の質料は触覚の快楽である」と言える。[57] 陶工が陶磁器を制作する際に用いる材料（質料）は何であってもいいわけではなく、特定の性質をもった粘土でなければならない。同様に、徳ある人が有徳な行為を作り出すのに選ぶのは、どんな行為であってもいいわけではなく、特定の性質をもった行為でなければならない。有徳な人が有徳な行為のために選ぶ、その「材料（質料）」が中庸を備えた行為なのである。[58] したがって、中庸は、有徳な行為の質料因側に要求される条件であると考えることができる。それに対して、先述の三要素は、有徳な行為の作出因（行為者）側に要求される条件であると考えることができる。

4　徳のモドゥス―理性のモドゥス―自然本性のモドゥス

トマスは徳、とりわけ倫理徳を論じるにあたって、「徳のモドゥス」だけではなく「理性のモドゥス（modus rationis）」にも言及している。[59]「理性のモドゥス」は「理性に適った節度」「理性が定めた節度」あるいは「理性にかなったあり方」（創文社訳）と訳されていることからも察せられるように、[60] 理性が確立する「節度」や「在り方」を意味している。

倫理徳には、それが関わる対象（materia）において理性のモドゥスを遵守すること（observare）が属している。[61]

すべての倫理徳は、それが関わる対象《マテリア》のうちに理性のモドゥスを課す。したがって、勇気には、理性にしたがって制御された(moderatus)恐れが属する。それは、恐れるべきものを恐れるべき時に等々といった仕方で恐れるということである。ところで、こうした理性のモドゥスは過剰によってと同様、不足によっても損なわれうる。(62)

倫理徳がそれへと向かって秩序づけられる善の形相的側面(formalis ratio)とは一つのもの、すなわち理性のモドゥスである。(63)

「理性のモドゥス」は「徳のモドゥス」と同様に、徳が「遵守する」ものであり、過剰と不足によって損なわれるものであるから、(64)「理性が確立する中庸」という意味で「理性の中庸」(創文社訳)とも言える。

さらにトマスは、しばしばキケロの「徳は、自然本性のモドゥスと理性に合致した、精神の習性(animi habitus naturae modo atque rationi consentaneus)である」(65)との言葉に依拠しつつ、「自然本性のモドゥス(modus naturae)」にも言及している。(66)

徳は、その完全な存在にそくして自然本性によって生ぜしめられるものではないとはいえ、自然本性にしたがった、つまり理性の秩序にしたがった物事へと傾ける。じっさいキケロは、彼の『修辞学』において「徳は自然本性のモドゥスに向かって理性に合致するところの習性(habitus in modum naturae rationi consentaneus)」と述べている。(67)

トマスのキケロ的な徳の定義にしたがうと、徳は「理性に合致した、自然本性のモドゥスへと向かう習性（habitus in modus naturae）」あるいは「理性に合致した、自然本性のモドゥスによる習性（habitus per modum naturae）」である。[68] また、「理性にしたがい、自然本性のモドゥスによってはたらく」と言われるときに、徳がそれに向かってはたらく対象は「理性の秩序にしたがった物事」（上掲引用文）「自らのはたらき」「徳に関する物事」「中庸」であると言われている。[69] こうしたトマスの用法からして、「自然本性のモドゥス」は「自然本性の限度・節度」あるいは「自然本性の在り方・仕方」（創文社訳）といった意味で用いられていると言える。[70]

ところで「徳のモドゥス」と「理性のモドゥス」そして「自然本性のモドゥス」の関係はどのように考えたらよいのだろうか。徳が理性のモドゥスと自然本性のモドゥスにしたがうということからすれば、徳のモドゥスは自然本性のモドゥスと理性のモドゥスによって決定されることが予想される。そして、理性のモドゥスに従っていることが、徳が善であり固有のモドゥスをもつ所以であるから、理性のモドゥスが徳のモドゥスの形相的側面を成し、[71] 自然本性のモドゥスが徳のモドゥスの質料的側面を成す、[72] と考えられる。

トマスは、いくつかの箇所で、[73] キケロの言葉にある「自然本性（natura）」が、事物や人間が生まれながらにもつ「第一の自然本性（prima natura）」[74] ではなく、生後に獲得される「第二の自然本性（secunda natura）」[75]、つまり「習慣によって形成されたもの（consuetudo）」であることを示唆している。そうすると、トマス流のキケロ的な徳の定義は、「第二の自然本性の在り方と理性が定めた在り方・尺度に従う習性」ということになろう。そして、徳の在り方《モドゥス》の形相的側面は理性の在り方《モドゥス》であり、質料的側面は自然本性の在り方《モドゥス》であると言うとき、その自然本性の在り方とは「第二の自然本性」であるところの、習慣によって形成された人間本性の在り方である、ということになろう。[76] 人間が魂という形相と身体という質料からなると考えるときに、魂なしには身体は（生命を宿す物体という）真の意味で「身体」ではないように、理性のモドゥスなしには、人間の自然本性のモドゥスは、徳のモドゥスの質料的側面を構成するような在り方はできない。というのも、人間の自然本性は、理性が確立する在り方《モドゥス》をしているのでなければ、真の意味で中庸を実現するような徳を宿すことはできないからである。

徳のモドゥスの質料的側面を成すのは、なぜ第一の自然本性のモドゥスではないのか。言い換えれば、なぜ徳は、石が下に向かって落ちるように、生まれながらの自然本性の在り方に単純にしたがうものではないのか。その理由は、人間の自然本性が理性的である、したがって、人間は「Aを行う」ことも「Aを行わない」こともできる自由意思を備えていることにあると考えられる。[77] 例えば、食欲や性欲が強い人でも、そうした欲求を抑制することを選ぶことができる。そして、こうした触覚の快楽を抑制する習慣をもたない人には、通常の意味での節制の徳は宿らない。通常の倫理徳や知性的徳は、一定のはたらきを繰り返すことによってのみ獲得することができるからである。[78]

人間は「Aを行う」ことも「Aを行わない」ことも欲することができるだけではない。Aを行うのに用いる手段・方法を選択することができる。Aを行う具体的な状況のなかで、徳を実現するのに、どのような手段・方法を用いるのが適切かを判断するのが理性であり、その判断が「理性の規準《メンスーラ》・尺度《モドゥス》」である。動くボールのように、中庸は状況によって変化する。したがって徳の行為には、中庸を目指す習慣（倫理徳）を獲得するだけでは十分ではない。[79] タイミングよく手を固定すると動くボールを射ることができるように、理性によって中庸の行為・情念を確定すると、その中庸の行為・情態を目標（目的）として設定し、実現することが可能になる。その「理性の中庸《メディウム》・尺度《モドゥス》」を与えるのが思慮という知性的徳なのである。[80]

5　徳のモドゥスと徳の分類

以上で主に論じてきたのは、あらゆる徳にあてはまる「徳の一般的な在り方《モドゥス》（generales modi virtutum / virtutis）」[81]で

ある。それと対置される、各種の徳に固有にあてはまるモドゥスをトマスは徳の分類に用いている。(82)

或るものが主要な徳にその部分として属するとされるのは、モドゥスの点で或る副次的な対象において主要な徳に類似しているからである。こうしたモドゥスとは、徳が称賛される主要な根拠 (ex quo principaliter dependet laus virtutis) であり、また徳が名称をそこから (unde) 得るものである。例えば、正義という徳のモドゥスや名称は一種の均等性において成立するものであるし、勇気のモドゥス・名称は一種の揺るぎなさにおいて成立するものである。節制のモドゥス・名称は、触覚の快楽への最も激しい欲情を抑制する限りにおいて、一種の抑制において成立するものである。しかるに、寛容や穏和は節制と同様に一種の抑制において成立する。というのも、すでに述べられた事柄から明らかなように、寛容は罰を軽減するものであり、穏和は怒りを和らげるものだからである。したがって、寛容も穏和も節制を主要な徳として、それに付属するものである (adjunguntur)。それゆえ、これらは節制の部分として措定される。(83)

トマスは、寛容や穏和、謙遜の徳を「主要な徳」つまり「枢要徳 (virtus cardinalis)」の一つである「節制」の「能力的部分 (partes potentiales)」に位置づけている。(84) 寛容・穏和・謙遜は節制を類とする種に相当する、節制の「下位の部分 (partes subjectivae)」ではない。節制の「下位の部分」に属するのは、飲食と性の快楽に関わる諸徳（節食、節酒、貞潔、慎ましさ）である。(85) トマスによれば、「能力的部分」は全体に能力として属するもので、魂を全体とするなら栄養摂取能力や感覚能力が該当する。寛容・穏和・謙遜が「節制の能力的部分」に該当する理由は明解ではない。(86) しかしトマスは、寛容や穏和や謙遜が節制の能力的部分である理由として、寛容や穏和や謙遜が節制に類似したモドゥスをもつことを指摘している。これらの徳はすべて「抑制 (refrenatio)」という性格をもつ心の状態や行為を可能にする。節制は、飲食や性行為に伴う、触覚を通して得られる快楽を抑制するのに対し、節制の能力的部分である穏和は怒りの情念を、寛容は身体的な処罰の重さを、謙遜は希望の情念を抑制する。触覚を通して得られる快楽は、個体や種の存続を可能にする物事に関わっているので、「第一の自然本性」という観点からは、人間にとって最も自然本性的な快楽である。同時に、最も激しくて抑制することが困難な快楽であるから、抑制に関して最も主要な対象であると言える。それに対して、怒りや希望の感情や処罰は、触覚の快楽ほど抑制することが困難ではないことから、抑制に関して副次的な対象であると言える。

他の三つの枢要徳である「正義」「勇気」「思慮」についても、「モドゥス」の類似に依拠した「能力的部分」の分類が考えられている。(87) 上記引用文中の言葉に拠るなら、正義のモドゥスは「均等性（aequalitas）」であり、勇気のモドゥスは「揺るぎなさ（firmitas）」である。(88) そして思慮のモドゥスは「実践的認識の統制」であると言える。(89) 簡潔に言えば、モドゥスの点において各枢要徳と類似している徳が、当該の枢要徳の能力的部分に位置づけられるのである。

「モドゥス」が徳の能力的部分の選別に用いられることには変わりがないが、「モドゥス」の位置づけについては、著作間やテクストの箇所で相違がある。初期著作である『命題集註解』では、枢要徳の能力的部分は、枢要徳のモドゥスを「分有する（participare）」とされている。(90) 節制がもつ「抑制」という在り方《モドゥス》を寛容や穏和や謙遜は弱い仕方でもっているということを存在論的に説明するのに、「前者（節制）のモドゥスを後者（寛容・穏和・謙遜）が分有している」ということが可能である。

こうした「モドゥスの分有」を用いた説明が姿を消す一方で、『神学大全』では、徳のモドゥスは「いわば徳の一種の形相（quasi quaedam forma）」と呼ばれ、形相側に位置づけられている。(91) 前節で論じたような三要素や中庸を備えた徳のモドゥスをもっていなければ、行為者や行為は徳あるものではありえない。抑制という在り方《モドゥス》をもっていないような習性は、節制はもちろん寛容や穏和や謙遜といった徳ではありえない。したがって徳のモドゥスは、各種の徳を各種の徳たらしめる徳の「形相」ではないが、「形相的なもの」という意味で「いわば一種の形相」と言える。いやそれどころか、徳のモドゥスは徳の形相よりも形相的と言うことができる。なぜなら「抑制」というモドゥスは、いくつかの徳の種に共通するという意味で、より共通的であるからである。[92]

また、枢要徳の能力的部分は、（上掲の引用箇所のように）「モドゥスの点で（quantum ad modum）」枢要徳に「類似している（imitantur）」あるいは「類似がみとめられる（attenditur similitudo）」とされている。[93]さらに、枢要徳と「モドゥスにおいて合致する（convenire in modo）」あるいは枢要徳の「モドゥスを遵守する（observare modum）」と記述されている箇所もある。[94]「モドゥスにおける類似・合致」「モドゥスの遵守」という表現が能力的部分におけるモドゥスの外在を許容するのに対し、「モドゥスの分有」や「形相（的）」といった表現はモドゥスの内在を示すものになっている。

6　徳のモドゥスと徳の称賛

前節で引用したテクストにもあるように、徳のモドゥスとは「徳が称賛される主要な根拠」[95]であるとされている。トマスは、広義での「徳」は「人間の行為・情念における善きものであり、かつ称賛の対象となりうるものすべて（omne quod est bonum et laudabile）」[96]であると述べている。したがって、トマスにとって「徳」と「称賛」は切り離しがたいものとして考えられていると言える。

ところでトマスは、徳についての称賛（laus）を徳に与えられる名誉（honor）と対比的に論じてもいる。[97]徳それ自体（propter se）が価値あるものとして欲求の対象となるがゆえに与えられるのが名誉である。それに対して、徳が他のもののために（propter aliud）欲求の対象となるがゆえに与えられるのが称賛である。徳が称賛される理由を成立させる「他のもの」とは「徳ある行為」である。[98] 徳は、徳ある行為を生ぜしめる原理・起源であるがゆえに称賛されるのである。習性である徳は、そのままでは我々に認識されることはないので称賛の対象とはならない。徳は具体的な行為に現実化されてはじめて我々に認識されるものとなる。徳を習態（habitus）から現実態（actus）、つまり現実の有徳な行為へと変化させるのは、その徳をもつ人の意志である。[99] したがって、徳の称賛の根拠は、徳によって達成される結果ではなくて意志にある、とトマスは考えるのである。[100] そして称賛という観点からは、行為者側に求められる「徳のモドゥス」の三要素のなかで二番目の意志の内的行為（はたらき）——行為者が当の（外的）行為を意志し、選択したこと——が主要である、と言うことができるだろう。

そもそも魂の中に存在する徳のようなものだけではなく、事物の本質的な要素一般についてトマスはその直接知を否定している。[101] 我々は「付帯的差異を通して本質的差異の認識に」[102]「結果や属性を通して事物の本質の認識に至る」[103] のであって、有徳な行為という付帯性・結果を通して徳の本質の認識に到るのである。

さて、徳だけではなく、徳の称賛の根拠となる「徳のモドゥス」も、認識されていなければ称賛の根拠たりえない。前篇の補考において、事物の形相・存在を受けとる前提条件となるモドゥスによって事物が存在する場合の「存在のモドゥス（modus essendi）」と、形相・存在を受けとった後に「存在する仕方・存在様態（modus existendi）」が区別されることが示された。[104] 称賛の根拠となる「抑制」「均等性」「揺るぎなさ」「実践的認識の統制」といったモドゥスはどちらのモドゥスか。——明らかに後者のモドゥスであると考えられる。質料的事物は質料抜きの形相・によって認識されるというのがトマスの基本的な立場であるから、形相を受けとる前提条件となるモドゥスそのものを我々が直接認識するとは考えられない。すでに論じたように（第二節3）、「徳」が「徳ある行為」を指すことがあるということをトマスは認めているし、じっさいに（少なくとも先に分析したテクストでは）「徳のモドゥス」は「徳ある行為のモドゥス」であるところの「有徳な行為の本質的な在り方」を指していることが確認された。

徳という形相は、行為者の魂の中で存在（esse）しているときにはじめて、具体的な現実の行為の中でも存在する（existere）ことができる。特定の種に属する限りでの事物の個別的・現象的存在の仕方（人間ソクラテスの在り方）は、そのものがその種のものとして存在する仕方（人間の在り方）によって規定されるのであるから、種として「存在する仕方・存在様態（modus existendi）」は、そのものの「存在の在り方（modus essendi）」に自体的に付帯すると考えられる。ヘクトルが戦いに際して発揮した勇気や聖カタリナが殉教に際して示した勇気の在り方（modus existendi）は、時代や場面を異にしているが、いずれも勇気の徳が自体的に伴う「揺るぎない」行為の在り方《モドゥス》をしている。その「揺るぎなさ」――死の危険と恐怖に直面してひるむことがなかったことをもって、我々は彼や彼女の勇気を称賛するのである。

7　徳のモドゥスと徳の名称

先に引用した箇所にあるように、徳のモドゥスは、徳を称賛する根拠であると共に、「徳が名称をそこから得るもの」[105]つまり「徳の名称の根拠」でもあるとされている。

節制には、過度にそれへと心を引きつけるような喜びを抑制することが属する。他方、勇気には、心を強くして理性の善から逃げようとする恐怖をはねつけることが属する。それゆえ、勇気への称賛は一種の過剰（quidam excessus）に存するのであり、勇気の諸部分はすべてそのことに基づいて名づけられている（ex hoc denominantur）。他方、節制の称賛は一種の欠如（quidam defectus）に存するのであり、節制そのものも節制の諸部分もすべて、そのことに基づいて名づけられている。したがって、節食（abstinentia）も節制の部分であるので、欠如から名づけられている。[106]

ここでは、勇気については「一種の過剰」が、節制については「一種の欠如」が、徳が名づけられる根拠になっている、と述べられている。「揺るぎなさ」という勇気のモドゥスはひるむことなく恐怖に立ち向かう（後退させず、むしろ前進させる）という点で「一種の過剰」であると言える。同じく「抑制」という節制のモドゥスは、欲情に心をひかれないようにする（後退させる）という点で「一種の欠如」と言える。

徳の名称の根拠であるような、「揺るぎなさ」「一種の過剰」あるいは「抑制」「一種の欠如」といったモドゥスも、徳の称賛の根拠であるようなモドゥスと同様、名称を付与する我々人間に認識されていなければならない。我々は、或る事物（X）に属する何らかのもの（Y）を何らかの仕方で認識してはじめて、その事物（X）を名づける根拠とすることができるからである。したがって、そのモドゥスも、各種の徳を各種の徳たらしめる前提条件を成している「モドゥス」（modus essendi の modus）ではなく、個々の徳が現実に存在する「仕方《モドゥス》」（modus existendi の modus）であると考えられる。

すでに述べたように（本節5）、触覚を通して得られる快楽は、抑制することが最も困難な快楽である。抑制という在り方《モドゥス》は、穏和や謙遜や寛容の徳にもみられるが、それらの徳の抑制の対象である怒りや希望の感情や処罰は、触覚の快楽ほど抑制することが困難ではない。「多数の事物に共通に適合するものは、最高度に適合する事物に換称的に帰しめられる」[107]。たとえば「都」という一般名詞がローマを指すのに「換称的に（antonomastice）」用いられるように、日常言語では、一般名詞が、それが指すもののうちで最も主要なものを指すものとして使用されることがある[108]。ところで、「抑制」は一種の「制御（moderatio）」である。すべての倫理徳は、あるものは過剰な情念・行為を抑制し、あるものは過小な情念・行為を強化することで一種の制御を行う。したがって、「節制」という名詞は、こうした倫理徳一般がもつ「制御」という性格（トマスの言葉では「一般的徳（virtus generalis）」）を指す。また換称的に、あらゆる徳のなかで「制御」という在り方《モドゥス》・性格《ラチオ》を最大にもつ、触覚の快楽を抑制する徳

（「特殊的徳（virtus specialis）」）の名称として用いられるのである。

他方でトマスは「倫理的行為及び習性は対象から（ex objectis）名称と種をもつ」[109]と述べている。すると、魂の善き作用的習性である徳も対象から名称をもつはずであるが、これは「モドゥスから（unde）名称をもつ」こととどう両立するのか。——トマスは、名称の由来と名称の付与を区別しており、前者は徳のモドゥス、後者は徳の形相に基づくと解釈可能である。[110]徳の名称の起源は、抑制や揺るぎなさといった徳のモドゥスにある。他方で、徳の形相は徳の対象から得られる。節制は、理性に反する、前進（対象へと向かわせる）タイプの情念、なかでも理性に最もあらがう触覚の快楽を抑制することを対象としている。このように、最大の抑制という「形相（的特質《ラチオ》）」をもつものに「節制」という名称が付与されるのである。

三　「勇気」のモドゥス

先（第二節6）に述べたように、広義では「人間の行為・情念における、善い称賛の対象のすべて」[111]が「徳」と呼ばれる。したがって、「聖霊の賜物」という（神によって直接に動かされることを容易にするという）ある意味で徳以上のものも「（英雄的）徳」と呼ばれる。[112]さらに、真に善きものではないものも、人がそれを「善きもの」として捉える限りでは称賛の対象となり、「徳」と呼ばれる。トマスはアリストテレスの記述に沿って、こうした徳まがいのものとして「勇気（に似たもの）」の五つの「在り方（modi）」をとりあげている。以下では、この「徳もどきのモドゥス」を考察することで、「徳のモドゥス」と「モドゥス」の理解を深めたい。

アリストテレスにとって、本来の意味での「勇気」とは、最も美しい場面（典型的には戦争）で、死の危険に直面しながらも、死への恐怖に耐えることを可能にするような徳である。[113]『ニコマコス倫理学』第三巻第八章（1116a15-1117a26）では、「勇気」に見えるがそうではないものが五つの類型（τρόποι）に分類されている。一つ目は、（1）法による懲罰や非難を避けるため、あるいは名誉を求めて戦いの場面での危険な事柄に耐えるという「市民としての勇気」である。この種の「勇気」は、美しいものである名誉を欲求し、醜いものである恥辱を忌避することから生じるもので、真の勇気に最もよく似ている。アリストテレスはさらに、支配者によって強制されることで戦うような人（兵士）を「市民としての勇気」よりも劣るものとして位置づけている。彼らが戦い続けるのは、罰や非難に対する恐れのため、あるいは苦痛を避けるためである。二つ目は、（2）戦術や武器についての経験が豊富であるために発揮される「勇気」である。三つ目は、（3）苦痛や気概に駆り立てられて（苦痛や気概の原因である）危険に立ち向かう「獣の勇気」である。四つ目は、（4）楽観的であるがゆえに危険に対して平然としていられる「希望を抱く楽観的な人の勇気」である。彼らが自信をもっていられるのは、たびたび多くの敵に勝利したからである。五つ目は、（5）事態に無知であるがゆえに発揮される「無知の勇気」で、敵をスパルタ人ではなくシキュオン人と勘違いして戦った場合が例として挙げられている。自分に自信をもっていない点で彼らは（4）よりも劣っている。じっさい事態の変化を認めたり、推察したりすると、彼らは戦いの場から逃げ出してしまう。

トマスは『ニコマコス倫理学註解』では、[114] この五類型をそれぞれ（1）「政治的ないしは市民的勇気（fortitudo politica sive civilis）」（2）「兵士の勇気（fortitudo militaris）」（3）「怒りによる勇気」（4）「希望による勇気」（5）「無知による勇気」と名づけている。そして、第一の類型である「政治的・市民的勇気」をさらに三つの段階（gradus）に区別し、第一段階では名誉のために、第二段階では罰を恐れるために、第三段階では強制されることで危険に耐えるとしている。[115] さらに、このうち第一段階の「勇気」を真の勇気に最も近いものとしている。[116]

「勇気は徳であるか」という問題を論じた『神学大全』第二部の二第百二十三問第一項の第二異論解答では、上述の五類型は次のように分析されている。まず、これらはすべて「徳をもっていないが、徳以外の何らかの原因によって、徳の外的行為を作りだす（efficiunt）人」の類型として解釈される。徳の外的行為は徳なしに三通りの仕方で生じる。[117] 第一には（a）困難ではないかのように困難なものへと向かうことによる。第二には（b）悲しみや怒りといった情念の衝動によって生じる。第三には（c）「しかるべき目的（finis debitus）」をもった選択をしていない場合に生じる。その反対の「しかるべきではない目的」とは、名誉や快楽や富のような一時的な利益を得ることや、非難や苦痛や損失のような不利益を避けることである。危険を「危険」と捉えていない第一「（a）」のようなケースは、さらに三通りに区別される。一つには（a_1）危険の大きさに気づいていないという「無知」による。また一つには（a_2）危険に打ち勝つのに楽観的な希望を抱いている場合であり、これは過去に危険を回避できた経験を豊富にもつ人に生じる。もう一つには、兵士がそうであるように、（a_3）知識や技術がもとで生じる。『ニコマコス倫理学註解』での分類を用いると、（a_1）が（5）「無知による勇気」に、（a_2）が（4）「希望による勇気」に、（a_3）が（2）「兵士の勇気」に、（b）は（3）「怒りによる勇気」に、（c）は（1）「政治的・市民的勇気」に相当する。

これらの「勇気もどき」の「在り方《モドゥス》」は、徳の在り方《モドゥス》の何を欠いているがゆえに真の意味での「勇気」ではないのだろうか。先に（第二節3）、トマスがアリストテレスに沿って徳のモドゥスに不可欠な要素を三つ挙げていることを紹介した。その三つとは、簡潔に言えば（i）知、（ii）意志（意図・選択）、（iii）習性（不動性）である。（a_1）が（i）知において、（c）が（ii）「意志（選択）」において欠陥をもっていることは明言されている。他の類型はどの要素を欠いているのだろうか。また、各類型は一点においてのみ欠陥をもつのだろうか。

知性と意志の協働を強調するトマスの立場からすれば、（a）（b）（c）のすべてに（i）知と（ii）意志の欠陥が認められる、と言うべきであろう。無知が原因にせよ、知識や技術が原因にせよ、（a）危険なものを危険ではないと捉えることは「知」の欠陥である。そして、そのような知の欠陥に基づいた欲求や選択は、欠陥をもった「意志」のはたらきである。（b）強い情念、つまり感覚的欲求のはたらきに駆られて下す誤った判断は「知」の点で欠陥をもつ。そうした誤った判断に基づく「意志（選択）」のはたらきもまた欠陥を有している。（c）が意志すべき目的を意志していないのは、意志すべき目的を意志すべきものと認識していないからであり、これもまた「知」における欠陥である。（iii）不動性という「習性（habitus）」に固有の要素はどうだろうか。トマスは「或る事柄は二通りの仕方で徳に適合しうる」と述べている。一つは有徳な行為を目的として意図することであり、もう一つは習性が基体（である魂の能力）に動かされることなく留まり続けることである。[118]前者は徳の在り方の二番目の要素である（ii）意志にかかわり、後者は三番目の要素である（iii）習性（不動性）にかかわる、と考えられる。或る事柄が二通りの仕方で徳に適合するとすれば、二通りの仕方で適合しないことがありうる。すると「徳に適合しないもの」である（a）（b）（c）は、（i）知を前提にした（ii）意志の点においてだけではなく、（iii）習性（不動性）という点においても欠陥をもつことがある、と考えられる。トマスは、勇気の五類型は動因の正しさという点で勇気から欠落している、[119]あるいは動因の点で真の勇気とは異なっている、と述べている。[120]たしかに（a）は、名誉を求める、あるいは非難や罰を避けるという「動機（motivum）」の点で、勇気（徳）ある行為そのものを目的としている真の勇気に劣っている。また、真に勇気ある人を勇気ある行為へと駆り立てている「動因（motivum）」は勇気の徳という習性であるのに対し、（a）（b）（c）の場合はそうではない。[121]

勇気の五類型は、戦争の場面で危険を恐れずに戦い続けるという点において、真の勇気の在り方と変わりないが、知や意志や習性（不動性）の点で、一言でいうと「動因・動機（motivum）」[122]の点で真の勇気の在り方に及ばない。しかし、真の勇気と同じ外的（身体的）行為をとる、こうした勇気に似た行為を「勇気ある行為」として称賛することはある。その場合、称賛の根拠になるのは、外的行為において発現した徳（勇気）の在り方であると考えられる。勇気もどきは、真の勇気と外面的な在り方を共有している。[123]それに対して、前節で検討されたような、真に徳がある人が称賛される場合の称賛の根拠となるのは、内的行為において発現した徳の在り方であると考えられる。前者（外的行為における徳の在り方）は、戦争の場合と殉教の場合のように場面によって異なる。それに対して、後者（内的行為における徳の在り方）は、徳の発現に必ず伴う、徳にとって「本質的な在り方《モドゥス》」である。したがって、トマスの言葉を用いるなら、徳の称賛は、徳に「自体的に付帯する（per se accidens）」モドゥスに基づくのに対して、勇気に似たものに対する称賛は、徳に「付帯的に付帯する（per accidens accidens）」モドゥスに基づく、[124]と言うことができるだろう。

四　行為のモドゥス

1　存在の在り方《モドゥス》とはたらきの在り方《モドゥス》

前篇で論じたように、すべての善・有には、そのものに固有な「存在の在り方《モドゥス》（modus essendi）」がある。神には「自らの自存する存在そのものである」[125]、天使には「知性体である（身体をもたない）」、人間には「理性的動物である（身体と理性的魂から構成される）」、石には「生命（魂）をもたない」という「存在の在り方」が当てはまる。異なる「存在の在り方」をもつものは異なる「秩序《オルドー》」をもつ、つまり異なる「自然本性の在り方《モドゥス》（modus naturae）」をもつ。[126]そして、異なる「自然本性の在り方」をもつものは、異なる「はたらきの在り方（modus actionis/actus/agendi）」をもつ。存在そのものであるという「存在の在り方」をする神には「存在を与える（dans esse）」という「はたらきの在り方」が、そうではない「存在の在り方」をする被造物には「変化させる（transmutans）」という「はたらきの在り方」が該当する。[127]このように「はたらきの在り方《モドゥス》」という言葉は、はたらきそのものを指すのに用いられている場合がある。[128]

「じっさい、存在することなしにはたらきかける（agere）ことはありえないのだから、一つ一つのものは、存在《エッセ》と関わるような仕方《モドゥス》ではたらきやはたらきかけることに関わる」。[129] 実体的存在だけではなく（徳や悪徳のような）付帯的存在も含めて、「一つ一つのものは、そのものの在り方に応じたはたらきをなす」[130] のであって、行為の在り方は行為者の在り方にしたがう。つまり、善き人は善き行為を、悪しき人は悪しき行為をするのである。

2　状況のモドゥス

しかしトマスは、上述のような、各被造物が何（X）をするのかということよりもむしろ（Xを）どのようにするかということに関して「はたらきの在り方《モドゥス》（modus agendi）」という表現を用いている。こうした場合、「はたらきの在り方《モドゥス》」は、はたらきがどのようにあるかということを記述するものであって、はたらきがもつ属性を指している。

（1）「状況」とは何か

はたらきがもつ属性を指す「はたらきの在り方」の用例は、倫理的な場面では、行為論、とりわけ状況理論にみられる。「速く（歩く）」とか「強く（殴る）」といった行為を形容・限定する「在り方（modus）」は、行為を取り巻く「諸状況（circumstantiae）」の一つに数えあげられている。[131]「状況（circumstantia）」の語源にあたる動詞「取り囲む（circumstare）」は、（何かの）「周りに（circum）」「立つ（stare）」ことを含意している。何かを取り囲んでいるものは、取り囲んでいるものの外にありながら、そのものとつながっている。こうした語源・原意に基づいて、トマスは、行為の「状況」と呼ばれるのは「行為の実体の外にありながら、何らかの仕方で人間的行為に繋がる条件」[132] であると述べ、そうした条件は行為に「自体的に付帯する付帯性」であることを示唆している。[133] そしてアリストテレスとキケロ・ボエティウスらの伝統にしたがいつつ、[134] 状況を（1）「誰が（quis）」（2）「何を（quid）」（3）「どこで（ubi）」（4）「いつ（quando）」（5）「何の助けで（quibus auxiliis）」（6）「なぜ（cur）」（7）「どのような仕方で（quomodo）」の七つに区分したうえで、[135]（2）と（6）を主要な状況としている。[136] 状況としての「モドゥス」にあたるのは（7）であり、例として「軽く（殴る）」や「強く（殴る）」、「速く（歩く）」や「遅く（歩く）」が挙げられている。[137]

『神学大全』では、これらの諸状況は（A）行為そのものと関わるもの、（B）行為の結果に関わるもの、（c）行為の原因に関わるものという三つのグループに整理されている。[138]（A）に属するのが行為の時と場所を示す（3）（4）と方法を示す（7）であり、（B）に属するのが結果を示す（2）である。（C）に属するのが行為の目的因を示す（6）と質料因（対象）を示す（2）、主要な能動因を示す（1）と道具的な能動因を示す（5）である。トマスが（7）「仕方」以外の状況の具体例に言及することは少ない。その僅かな例から取り出すと、（1）地位（dignitas）、（2）高価なもの（質料因としての「何」）、健康にする（結果としての「何」）、（3）聖なる場所、（4）聖なる時、（5）剣、（6）都市の解放のため、といった具合である。[139]

以下では、トマスが依拠している状況論の諸伝統について、その概略を手短に説明しておきたい。アリストテレスは、『ニコマコス倫理学』第三巻第一章（1111a3-6）で、行為に関わる個別的な事柄に関する無知が不随意的な行為の原因であるとし、そうした事柄として以下の六つを列挙している。すなわち、（I）「誰が（τίς）」（II）「何を（τί）」（III）「何に関して（περὶ τί）」あるいは「何において（ἐν τίνι）」（IV）「何を使って（τίνι）」（V）「何のために（ἕνεκα τίνος）」（VI）「どのように（πῶς）」である。そして、（III）と（V）が主要であると言われている（1111a18-19）。（I）（II）はトマスの（1）（2）に、（IV）～（VI）はトマスの（5）～（7）にそれぞれ対応する。（III）の「何に関して」は（2）対象《マテリア》としての「何」に該当し、「何において」は（3）「どこで」（4）「いつ」の双方を含む、とトマスは解釈している。[140] 後に「状況」の一つとみなされるようになった「モドゥス」に相当するのは（Ⅵ）「どのように」であり、例としては「おだやかに」と「激しく」が挙げられている。

アリストテレスが行為に関する道徳的評価という倫理学的な観点から状況を論じているのに対して、キケロが状況を論じているのは修辞学のコンテクスト——弁護や告発における論点として——である。キケロは『発想論』で「確証（confirmatio）」を「人物（persona）の属性を用いた論証」と「行為（negotium）の属性を用いた論証」に二分し、さらに「行為の属性」を「行為そのものに含まれる属性」「行為の実行（gestio）に関わる属性」「行為に関連する属性」「行為の結果生じる属性」の四つに区分している。[141] ボエティウスは『様々なトピカについて』で、「確証」という言葉を「状況（circumstantia）」に置き換え、キケロが「人物・行為の属性」のうちに数えあげた要素を「状況」の要素として理解している。すなわち「人物の属性」は（1）「誰が」に対応し、キケロが「行為そのものに含まれる属性」の一つとして挙げた「行為全体を簡潔に表現し、その概要を与えるもの」と「行為の結果生じる属性」の双方が（2）「何を」に対応すると解釈する。「行為そのものに含まれる属性」として挙げられていた「理由（causa）」は（6）「なぜ」に対応するとする。また「行為の実行に関わる属性」として列挙されていた「方法（modus）」に（7）「どのような仕方で」が、「便宜（facultas）」に（5）「何の助けで」が、「場所（locus）」に（3）「どこで」が対応すると考える。また、同じく「実行に関わる属性」とされていた「時間（tempus）」と「時機（occasio）」は（4）「いつ」という要素の下位区分としている。[142]

さて（7）「方法《モドゥス》」を説明して、キケロは「（行為の）方法とはどのようにして（in quo quemadmodum）、また何を考えてそうしたかを問うものである。その部分とは思慮と無思慮である」[143]と述べている。このように、キケロの「行為のモドゥス」は、行為よりも行為者に由来する行為の在り方を指しているようにみえる。キケロを受けて議論をすすめているボエティウスは「秘密に」を「方法」の例として挙げている。[144] ボエティウスの「行為のモドゥス」は、行為そのものの属性というよりも行為全体に伴われる「在り方」を指しているようにみえる。それに対してトマスが考えている「方法」は、「強く・弱く」のように行為そのものに内属する性質である。[145]

（2）「状況」の多義性

上述の七つの「状況」のうち、行為の「道具（的原因）」に関わる（5）を除く六つは、個々の行為に常につきまとうようにみえる。——白いシャツを着た私（「誰」）は、今朝（「いつ」）、自宅で（「どこで」）、パン（「何」）を、健康を維持するために（「なぜ」）、袋から取り出して、ゆっくりと（「どのように」）食べた（「何（をした）」）。

しかし、トマスは行為の「状況」と呼べるような状況と、そうではない状況とを区別している。たとえば上記の文で、白いシャツを着ていたこと（人）、パンを袋から取り出したことは、行為の「状況」となる「誰」や「仕方」とは言えない。なぜなら、白いシャツを着ていたことやパンを袋から取り出すことは、当の食べる行為や健康の維持に自体的に付帯する事柄ではないからである。また、食べるのが私（「誰」）であることや「食べる」（「何（をする）」）ということそれ自体も、上述のような意味での、つまり行為に自体的に付帯するものとしての「状況」とは言えない。なぜなら、当の行為に行為主体である私は本質的に組み込まれており、「食べる」ということは「食べる」という行為の本質そのものを成しているからである。「誰」に関しては私の身体的条件や健康状態が、「何」に関しては「パン」が「状況」と言える。同様に、盗みの行為については、盗みの対象が「他人のもの」であることは、厳密な意味では「状況」ではない。「他人のもの」であることは、「盗み」の「対象の主要な条件（principalis condicio objecti）」であって、[146]「盗み」の行為の本質に含まれているからである。盗むものが高価な物かどうかが（「何」に該当する）「状況」である。しかし「盗み」という行為を「ものを（受け）とる」行為と捉えるなら、「他人のもの」は「状況」とみなされる。[147]そのものは他人の所有物であるかもしれないが、自分の所有物であるかもしれないからである。

以上の考察を踏まえると、行為の「状況」と呼ばれうるものは、次のように区別することができるだろう。
（a）行為を目的との関連から考察する「倫理的観点」[148]からみた、狭義（厳密な意味）での「状況」――この場合、「既婚者」は、倫理的にみた行為の実体・種である「姦淫」に本質的に含まれるため「状況」とは言えない。たとえば、姦淫の相手が親族の配偶者なのかどうかといったことが「何」に該当する）「状況」である。
（b）行為を目的から切り離して（トマスの言葉では「絶対的な仕方で」[149]）考察した場合の、広い意味での「状況」――この場合、「既婚者」は「性的関係をもつ」という行為の「状況」であると言える。
（c）行為に付帯的に付帯するものを指す、もっとも広い意味での「状況」――この場合、「白いもの」「袋入りのもの」といった行為そのものや行為の目的とは無関係な物事も「状況」と言える。
トマスは『ニコマコス倫理学註解』ではもっぱら、『神学大全』では主として（a）の倫理的観点からみた、狭義での「状況」を論じている。[150]本稿で「状況」と言うときは、断り書きがない場合には、この厳密な意味での「状況」を指している。徳の中庸にかかわる「しかるべき状況」の「状況」は狭義での「状況」である。狭義での「状況」は、動因（動機）が変わらないかぎり行為の種を変えることはない。[151]たとえば、時宜を心得た寄付行為は「憐れみ（の徳）の行為」とみなされるが、もしそれがよい評判を求めてのことなら「売名行為」である。狭義での「状況」は、行為の善性・悪性の増減をもたらす。[152]一つの状況が変わるだけでも、行為はより悪く・善くなる。親族の既婚者との姦淫はより重い罪になるし、高価なものを盗むことは安価なものを盗むよりも悪い。逆に既婚者であることを知らずに性的な関係をもったり、有料のものであることを知らずにとった場合には悪性は減る。複数の状況において適切ではない行為をとった場合にも悪性は増す。量的に食べすぎるだけではなく、食べるべき時ではない時に食べるなら、その行為はより悪いものになる。

それに対して、（b）広義での「状況」は行為の種を変えうる。性的関係をもつ相手が婚約者であるか既婚者であるかは、婚姻と姦淫という行為の種の違いをもたらす。トマスによれば、前者は善き行為であり、後者は悪しき行為である。そして（c）の最も広い意味での「状況」は、行為の種を変えることもなければ、善性・悪性を増減させることもない。[153]

（3）状況のモドゥスと行為のモドゥス

そして、トマスは「殴る」「歩く」といった特定の行為に付帯する、一状況としての「モドゥス」と、行為を取り巻く諸状況の結果として生じる、「善き」「悪しき」といった行為の「モドゥス」とを区別している。——「善く（bene）とか悪しく（male）という仕方は「状況」とみなされるのではなく、あらゆる状況との関係で決まってくる結果（consequens ad omnes circumstantias）にほかならない」[154]。行為が「善き」仕方《モドゥス》で生じるには、当の行為がしかるべき時に、しかるべき場所で、しかるべき方法《モドゥス》で等々というように、諸状況がすべて適切でなければならない。状況が一つでも適切さを欠けば、行為は「悪しき」仕方《モドゥス》で生じるものになってしまう[155]。諸状況を含めた行為全体の在り方を指す「行為の仕方」は、一つの状況として行為に付帯するのではなく、当該の行為に関わる諸状況すべてに随伴するものとして行為に付帯するのである。

3　有徳な行為の在り方《モドゥス》

行為（はたらき）がもつ属性を指す「行為（はたらき）のモドゥス」は、上述の二種類——状況の「仕方《モドゥス》」に数えられるものと諸状況の総合的な結果としての「仕方」——に限られない。とりわけ徳の「はたらきの在り方」について、トマスは、アリストテレスにならって次のように述べている。

徳の行為（actus virtutis）においては二つのものが存在する。つまり、行為者の側に由来する「行為の形象・種（species actus）」と「行為の在り方・節度（modus agendi）」である。したがって、徳の行為においてこの二つが協働していないなら、その行為は端的な意味で「徳がある」とは言われない。それはちょうど正義の行為をしている人が、喜びをもって（delectabiliter）、悦び（gaudium）とともに行為するのでない限り、徳にそくして完全に正しい人と言われないのと同様である。[156]

人間の行為は、行為者の魂の能力を基体とする「徳」という付帯性によって一定の仕方《モドゥス》による行為（節度《モドゥス》をもって食べる）になる。トマスは、有徳な行為が二つの面からなることを指摘している。一つは、それがどういった種類の行為なのかという「行為の実体・形象・種」である。もう一つは、行為者が当の行為をどのようにするのかという「行為のモドゥス」である。有徳な行為は「喜んで」するという「在り方《モドゥス》」をしている。「よろこんで」というのは、有徳な行為が必ず伴う「行為の在り方《モドゥス》（modus agendi）」であるから、トマスの言葉でいうと、有徳な行為の「自体的な付帯性」であると考えられる。

ここで言及されているような「よろこんで」といった有徳な行為のモドゥスと、先ほど（3）でとりあげた「善い仕方で」といった有徳な行為のモドゥスとはどういう関係にあるのか。トマス自身が明言しているように、前者は行為者の側に起因するものであるのに対し、後者は行為に付帯する諸状況の総合的結果として生じるもの、つまり行為側に起因するものである。また、前者が有徳な行為に自体的に付帯するモドゥスであるのに対して、後者は有徳な行為の本質をなすモドゥスである。なぜなら喜びは有徳な行為の結果として生じるものであるのに対して、[157]善さなしには徳ある行為そのものが存在しえないからである。そして、この有徳な行為の本質をなす「善きモドゥス」こそが、本論の第二節で論じていた「徳のモドゥス」なのである。

五　結語

本稿では、トマス・アクィナスの倫理学関係の著作で、「モドゥス」の使用例が少なからずあり、かつ存在論・倫理学・意味論の領域に渡って用いられている「徳のモドゥス」を手はじめに、主として「モドゥス」の倫理的側面を探求してきた。

「モドゥス」は、倫理的な場面で、しばしば西洋古典ラテン文学以来の「節度」「限度」という意味で用いられている。「徳のモドゥス」と関係して用いられる「理性のモドゥス」「自然本性のモドゥス」は、キケロの徳の定義に想を得ている。これらの伝統を背景として、トマスは「節度」「中庸」という用法をもつ「モドゥス」を使って、アリストテレスの「徳の中庸」を説明している。アリストテレスのラテン語訳によれば、徳である勇気だけではなく、勇気に似たものに「モドゥス」が帰されていた（「勇気のモドゥス」）。このように、倫理的な場面での「モドゥス」の含意も（存在論的場面と同様に）「節度」「限度」に限られるものではなく、広く「在り方」を指している。有徳な行為は状況にかなったものである。トマスは、行為をとりまく状況の一つとして「仕方」と訳されるような「モドゥス」を挙げている。状況の一つに「モドゥス」を数えるのは、ボエティウスのキケロ解釈の伝統を受けたものである。トマスは、この修辞学の伝統に端を発する「モドゥス」を、「モドゥス」という言葉を用いていない、アリストテレスの行為に関する記述（「どのように〜するか」）と融合させ、自らの状況理論を構築すると同時に、「仕方」を意味する、行為の「モドゥス」の多義性を考察している。

倫理的場面で問題になるモドゥスは、（行為者の魂の能力を基体とする）徳や（行為者を基体とする）行為といった付帯性の在り方《モドゥス》、いやそれどころか、より精確に言うと、徳や行為といった付帯性に付帯する在り方《モドゥス》である。しかし、それらの付帯的な在り方《モドゥス》は、善きものである限りにおいて、前篇で明らかにされたような、実体を実体たらしめる在り方《モドゥス》と同様の構造をもっている。すなわち、それらのモドゥスは、形相にとっての「作出的・質料的諸原理の限定（determinatio）ないしは均衡（commensuratio）」である。徳という形相が行為に実在（実現）するための作出的諸原理は、人間の魂の諸能力であると考えられる。魂の諸能力のはたらきが有徳な行為者に必要とされる三つの要素を満たすときにのみ、徳という形相が行為のうちに実現される。それは、行為者が為すべき行為を知っていて、その行為を意志・選択しており、確固としてその行為を行うときである。こうしたことが生じるには、物事を知る知性と意志・選択する意志が適切に機能するだけではなく、感覚的欲求能力をはじめとした身体的な諸能力が、知性や意志の働きを妨げず、むしろ助けるように機能することが必要とされる。かくして「徳のモドゥス」をなす「作出的諸原理の限定・均衡」は一定の仕方での魂の諸能力の協働を指す。行為者側に要求されるこうした徳の在り方《モドゥス》は、理性のモドゥスを形相的側面、自然本性のモドゥスを質料的側面にもつと言える。つまり、理性のモドゥスが自然本性（習慣）のモドゥスに刻み込まれている状態が徳の在り方《モドゥス》であると考えることができる。それに対して、徳という形相が行為に実在（実現）するための質料的諸原理は行為の諸状況である。ちょうど諸元素の混合の割合が適切なときにのみ生命（魂という形相）が宿るように、行為の諸状況がそろったときにのみ「中庸」が確保され、徳という形相が行為の内で実現されるのである。[158]

　したがって、ある種の均衡・比例（proportio）なしにはモドゥスはない。[159] このことは自然物にもまして行為のモドゥスにあてはまる。自然物の場合、均衡は形相と質料的諸原理の間、そして質料的諸原理の間に存在している。善き行為にはより多くの部分に均衡・比例が認められる。善き行為は、幸福を究極目的としているが、その幸福という究極目的は人間の自然本性に釣り合ったものである。[160] 目的に対する「手段」と位置づけられる善き行為は、その目的に釣り合っていなければならない。[161] また善き行為を取り巻く諸状況は、相互に釣り合ったものでなければならない。[162] そして前者（行為と目的）の釣り合いは、後者（諸状況）の釣り合いによって確保される。[163] ふさわしい時や場所、ふさわしい仕方等でなされた行為のみが目的を達成することができるからである。さらに、理性が決定する善き行為は、習慣によって形成された人間の自然本性と釣り合ったものでなければならない。(164) 善き行為を為す行為者の魂のうちには、ある種の均衡がある。(165) 理性が正しい判断を下せるように、また下された正しい判断を実現するために魂の諸能力が協働しているからである。

我々は有徳な行為を「美しい行為」と表現する。美はある種の均衡・比例に存する、とトマスは考えている。(166) 我々は、トマスにならって、美しい行為の在り方《モドゥス》は種々の均衡・比例から成る、と言うことができるのである。(167)

文献表

Anderson, Justin M. 2020. *Virtue and Grace in the Theology of Thomas Aquinas*. Cambridge University Press.

Ashdowne, R. K., D. R. Howlett & R. E. Latham. 2018. *Dictionary of Medieval Latin from British Sources*. Oxford University Press.

Budziszewski, J. 2017. *Commentary on Thomas Aquinas's Virtue Ethics*. Cambridge University Press.

———. 2021. *Commentary on Thomas Aquinas's Treatise on Divine Law.* Cambridge University Press.

Costa, I. 2008. "Heroic Virtue in the Commentary Tradition on the *Nicomachean Ethics* in the Second Half of the Thirteenth Century." In *Virtue Ethics in the Middle Ages: Commentaries on Aristotle's Nicomachean Ethics, 1200–1500*, ed. I. P. Bejczy, Brill, 2008, pp. 153-172.

Deferrari, R. J. 1948. *A Lexicon of St. Thomas Aquinas*. Catholic University of America Press.

Durbin, P. T. 1968. *St. Thomas Aquinas, Summa theologiae*. vol. 12. Blackfriars.

Gründel, J. 1962. *Die Lehre von den Umständen der menschlichen Handlung im Mittelalter*. Aschendorff.

Lewis, T. C. and C. Short. 1879. *A Latin Dictionary*. Oxford University Press.

Niermeyer, J. F. , C. van de Kieft & J. W. J. Burgers. 2002. *Mediae Latinitatis Lexicon Minus*. Brill.

Pasnau, R. 2002. *Thomas Aquinas on Human Nature : a Philosophical Study of Summa theologiae 1a, 75–89*. Cambridge University Press.

Pilsner, J. 2006. *The Specification of Human Actions in St. Thomas Aquinas*. Oxford University Press.

Wagner, K. T. 1995. "*De vera et falsa penitentia*, an edition and study." Ph.D. Thesis, University of Toronto.

Williams, T. and Van Dyke C. 2016. *Aquinas, The Treatise on Happiness, The Treatise on Human Acts*. Hackett.

加藤和哉、一九九九「人間の受動的完全性について――トマス・アクィナスの「賜物」(donum) 論に関する一考察――」『トマス・アクィナスの倫理思想』創文社、二六一―二八六頁。

周藤多紀、二〇一九「トマス・アクィナスによる徳の分類」『哲学研究』六〇四号、二三―五三頁。

――――、近刊「トマス・アクィナスにおける徳のモドゥス」『山口大学哲学研究』三〇巻。

――――、二〇二二「トマス・アクィナスの《モドゥス》研究（一）――《モドゥス》の存在論的側面――」『哲学研究』六〇八号、一―四二頁。

松根伸治、二〇〇二「トマス・アクィナスの無抑制 (incontinentia) 論」京都大学博士論文。

――――、二〇一五「枢要徳はなぜ四つか――トマス・アクィナスによる理論化――」『南山神学』三八号、一〇九―一四三頁。

水谷智洋、二〇〇九『改訂版羅和辞典』研究社。

註

（1） 周藤二〇二二。
（2） *ST* II-I, q. 110, a. 3, ad3; *ST* II-I, q. 110, a. 4, c.
（3） *ST* II-I, q. 56, a. 1, ad3.
（4） 「徳のモドゥス」に着目して、トマスの体系における「モドゥス」の意味と重要性を論じたものとして周藤近刊を参照。本論文の第二節はこの論文と重なる部分もあるが、徳の中庸性やテクストの解釈について、より詳細な分析を行っている。
（5） *ST* II-I, q. 85, a. 4, c. Cf. 行為の「尺度」、情念や徳の「数」、意志や愛の「重さ」という表現は、アウグスティヌス (*De gen. ad litt*. IV, c. 4(8), p.100, lin. 4-9) にある。「尺度・数・重さ」はそれぞれ「モドゥス・形象・秩序」と言い換え可能である。周藤二〇二二、六頁参照。
（6） *ST* II-I, q. 53, a. 3, c.
（7） Plautus, *Poenulus*, 1. 2, lin. 21; Terentius, *Eunuchus*, 1, 1, lin. 57-58. 後者はトマスによって引用されている (*ST* II-II, q. 153, a. 5,

c.)。テレンティウスは、アウグスティヌスもしばしば引用している作家である。

（8） Cicero, *De officiis* I, 5 [15], p. 7, lin. 21; I, 27 [93], p.38, lin. 17; I, 29 [102], p.41, lin. 20 & [104], p. 42, lin. 22; Seneca, *De clementia* II, c. 4 [3]. セネカの該当箇所は、原文どおりではないが、トマスによって引用されている（*ST* II-II, q. 157, a. 1, ad3; *ST* II-II, q. 159, a. 2, sed contra）。

（9） *Proverbum* 23 [4]. 異論のなかではあるが、トマスが引用している（*ST* II-II, q. 47, a. 4, arg. 3）。

（10） Gregorius, *Homiliae in Evangelia* 16, CCSL, lin. 40-41 (PL 76, 1136a): "... cum supra modum sublimitas ambitur." トマスが *ST* II-II, q. 118, a. 2, c. や *De malo*, q. 13, a. 1, arg. 2で引用している。

（11） 水谷二〇〇九は "modus" の三番目の意味として「適量、適度、限度、限界」を挙げているし、Lewis & Short 1879は転義的な意味の一番目に "A measure which is not to be exceeded, a bound, limit, end, restriction etc." を挙げている。また、代表的な中世ラテン語の辞書の一つであるNiermeyer et al. 2002. は五番目の意味に "loc. ultra modum: de façon extraordinaire ── extraordinarily ── außerordentlich" を挙げているし、近年発刊された英国中世ラテン語の辞書（Ashdowne et al. 2018）は、二番目の意味に "correct measure, correct amount" を、三番目の意味に "limit, bound, end" を挙げている。

（12） *ST* II-I, q. 64, aa. 1-4; *De virtutibus in communi*, a. 13.

（13） トマスの徳の分類について、詳しくは周藤二〇一九参照。

（14） *ST* II-I, q. 64, a. 1, c.

（15） *De virtutibus in communi*, a. 13, c. : "ita bonum in passionibus et operationibus humanis est quod attingatur modus rationis, qui est mensura et regula omnium passionum et operationum humanarum."

（16） *ST* II-I, q. 64, a. 1, ad1.

（17） *ST* II-I, q. 64, a. 1, ad2.

（18） *ST* II-II, q. 147, a. 1, ad2: "medium virtutis non accipitur secundum quantitatem sed secundum rationem rectam." *ST* II-II, q. 152, a. 2, ad 2では「決定される（determinatur）」というより強い表現がなされている。

（19） *In III Sent.*, d. 33, q. 1, a. 3, sol. 1, ad2, nn. 94-95.

（20） *De virtutibus in communi*, a. 13, ad13; cf. *EN* III, c. 7, 1115b28-31.

(21) *EN* II, c. 6, 1107a2-3.

(22) *In III Sent*. d. 33, q. 1, a. 3, sol. 1, ad 5, n. 98; *De virtutibus in communi*, a. 13, ad12.

(23) *ST* II-I, q. 64, a. 2, c. この場合の「の」は（2）主語的属格として用いられていると言える。

(24) *ST* II-I, q. 64, a. 2, c.; *ST* II-II, q.58, a. 10, c.; *Quodl*. VI, q. 5, a. 4, c. アリストテレス（*EN* V, c. 5, 1133b32-33）も、正義と他の徳では中庸が異なる在り方をしていることを指摘している。

(25) *ST* II-II, q. 58, a. 11, c.

(26) Cf. Thomas Aquinas, *SLE* V, lect. 6, lin. 70-89; Aristoteles, *EN* V, c. 4, 1132a2-7; *SLE* V, lect. 8, lin. 47-65.（*SLE* = *Sententia Libri Ethicorum*）

(27) *ST* II-II, q. 58, a. 10, c.

(28) *In III Sent*., d. 33, q. 1, a. 3, sol. 2, nn. 100-101; *ST* II-II, q. 61, a. 2, c.; *De virtutibus in communi*, a. 13, ad7. 具体的な数字の例は『諸徳について』に拠る。『諸徳について』では、ボエティウス（*De arithmetica* II, c. 43, c. 44, c. 47）に依拠し、「算術的中庸」と「幾何学的中庸」に「ハルモニア・音楽的中庸」を加えた三種の「事物の中庸」が提示されている。

(29) *Quodl*. VI, q. 5, a. 4, c., lin. 25-26.

(30) *ST* II-I, q. 64, a. 2, c.

(31) *ST* II-I, q. 64, a. 2, c.

(32) *ST* II-I, q. 64, a. 3, c.

(33) *ST* II-I, q. 64, a. 2, c. この場合、「の」という単語は（1）所有の属格に該当すると言える。「理性の中庸（medium rationis）」の二義性については、註23も参照。

(34) 道徳的事実は神の意志を規準としているので、思慮の規準は究極的には神の意志である。したがって、神の命に従って息子を殺そうとしたアブラハムの行為は正しい理性（思慮）にしたがったものと言えるのである。*ST* II-II, q. 154, a. 2, ad2.

(35) *De virtutibus in communi*, a. 13, c.: “Idem ergo est medium prudentiae et virtutis moralis; sed prudentiae est sicut imprimentis, virtutis moralis sicut impressi.”

(36) 「モドゥス（modus）」「メトロン（μέτρον）」の二義性については、前篇である周藤二〇二二、二二頁（註55）参照。

(37)　*ST* II-I, q. 64, a. 4, c.　創文社（稲垣）訳を改変して引用している。

(38)　*ST* II-I, q. 64, a. 4, c.; *ibid*, ad 3; *ST* II-II, q. 17, a. 5, ad2.

(39)　*ST* II-II, q. 27, a. 6, c.; *ibid,* ad 3. 一般的に「愛のあるべき在り方（modus dilectionis）」について論じた箇所として、*ST* II-II, q. 44, a. 7, c. 意志の「内的働き（actus interior）」と「外的働き（actus exterior）」の区別については、*ST* II-I, q. 18, a. 6, c.; cf. *ST* II-I, q. 6, a. 4, c.

(40)　「尺度のモドゥス」と「尺度によって測られるモドゥス」については前篇（周藤二〇二二）二一―二二頁で論じた。

(41)　Cf. *ST* II-II, q. 81. a. 5. ad3.

(42)　*ST* II-I, q. 64, a. 4, arg. 3で紹介されているネストリオスとエウテュケスの見解に従う。

(43)　*ST* II-I, q. 100, a. 10; *In III Sent.*, d. 36, q. 1, a. 6. いずれも「愛徳のモドゥスは神法の規定（神の命令）に含まれるか」を問う問題である。

(44)　当該問題の理解についてはBudziszewski 2021, p. 199-217のコメンタリーが参考になる。以下の説明は、加えて、『ニコマコス倫理学』の該当箇所についてのトマスの註解（*SLE* II, lect. 4, lin. 57-76）を大いに参考にした。

(45)　cf. *ST* II-I, q. 76, a. 1, c. 無知から為されることは意志に発する行為ではないという理由で、徳の行為に必要な要素として、第一の要素が以下の第二の要素に含まれると述べられている箇所（*ST* II-II, q. 58, a. 1, c.）もある。

(46)　Cf. *ST* II-I, q. 108, a. 3, c.

(47)　能力（potentia）としてではなく、働き（actus）としての「意志（voluntas）」を指す。*ST* II-I, q. 8, aa. 1-3を参照。

(48)　「意志（voluntas）」「意図（intentio）」のはたらきについては、それぞれ*ST* II-I, q. 8, a. 2; *ST* II-I, q. 12, aa. 1-5 及び松根二〇〇二、八六頁を参照。「選択（electio）」については*ST* II-I, q. 13, aa. 1-6及び松根二〇〇二、八七頁を参照。トマスの行為論（意志と知性のはたらきの関係）の代表的解釈についてはWilliams & Van Dyke 2016, pp. 451-453に簡潔な紹介がある。

(49)　*ST* II-II, q. 136, a. 1, ad 3; *ST* II-II, q. 137, a. 1, ad2.

(50)　じっさい「徳のモドゥス（modus virtutis）」はデフェラリの『トマス事典』やBudziszewskiのコメンタリーでは次のように解説されている。Deferrari 1948, p.1164, “modus virtutis,” under the section (5) of “virtus”: “the art and manner in which a virtue is active”; Budziszewski 2021, p. 197: “the manner in which genuine virtue is exercised.”

(51) *ST* II-II, q. 144, a. 1, ad1.

(52) *ST* II-I, q. 55, aa.1-3 ; *SLE* II, lect. 7, lin. 49-78.『神学大全』(*ST* II-I, q. 55, a. 2) では「作用的習性 (habitus operativus)」という名称が、『ニコマコス倫理学註解』(*SLE* II, lect. 7) では「選択的習性 (habitus electivus)」(cf. Aristoteles, *EN II*, c. 6, 1106b36) という名称が用いられている。

(53) *ST* II-II, q.58, a. 1, c. (註45参照)

(54) トマスが用いている (*ST* II-II, q. 137, a. 1, ad 3)、アリストテレスの「習性 (ἕξις / habitus)」についての記述 (*Categoriae*, c. 8, 9a4, 9a11-13) に基づく表現である。

(55) cf. *SLE* II, lect. 4, lin. 57-58: "In quo quidem modo tria dicit esse attendenda."

(56) たとえば *De malo*, q. 2, a. 4, ad 5, lin. 286: "materia enim actus dicitur obiectum ipsius." 以下の4 (「徳のモドゥス—理性のモドゥス—自然本性のモドゥス」) で引用される文にも用例が見られる。この箇所を含む、トマスの倫理学における materia の使用例については、Pilsner 2006, Chapter 6 : "Matter" に詳しい。

(57) *ST* II-II, q. 166, a. 1, c.

(58) *SLE* II, lect. 7, lin. 74-78では、有徳な人の判断が建築家の判断に比されている。

(59) アルベルトゥス・マグヌスにも「理性のモドゥス」への言及がある (ex. *Super Ehica* II, lect. 2, p.98, lin. 19; III, lect. 4, p.155, lin. 24)。後者では、理性のモドゥスは選択によって課される、と述べられている。

(60) 「理性に適った節度」「理性が定めた節度」は渋谷・松根訳 (『神学大全』第二一冊)、「理性にかなったあり方」は稲垣訳 (『神学大全』第一一冊)。前者では「理性の節度」「理性の中庸」と訳されている箇所もある。

(61) *ST* II-II, q. 127, a. 2, c.; cf. *ST* II-I, q. 61, a. 4, c.; *SLE* IV, lect. 3, lin. 77-78.

(62) *ST* II-II, q. 126, a. 2, c.

(63) *ST* II-I, q. 60, a. 1, arg. 2.

(64) 「徳のモドゥス」と過剰・不足が相容れないことについては、本論二節 (一) の冒頭部の引用テキストを参照。徳が徳のモドゥスを「遵守する」という表現は、註94の引用テクスト (*ST* II-II, q. 143, a. 1, c.) を参照。

(65) Cicero, *De inventione* II, c. 53 [159]; cf. *De legibus* I, c. 16, p.181, lin. 4-5.: "Est enim virtus perfecta ratio, quod certe in natura est."

『キケロ選集 6』（片山英男）の訳及びLoeb（H. M. Hubbell）の英訳に従う。Bude版（Guy Achard）の仏訳は、naturaをmodusとratioの双方にかけ、「自然の在り方と自然の理拠と合致する」というように訳している。

(66) アルベルトゥス・マグヌスにも、トマスと同様の「自然本性のモドゥス」の使用例がある（例えば、註121のテクスト）。

(67) *ST* II-I, q. 71, a. 2, ad1.

(68) 前者（in modum naturae）の使用例が多い。後者（per modum naturae）の使用例としては、*In III Sent.*, d. 23, q. 1, a. 4, qc. 2, ad 4; *ST* II-I, q. 56, a. 6, arg. 1など。

(69) 「自らの働き」*ST* II-II, q. 18, a. 4, c.;「徳に関する物事」*De virtutibus in communi*, q. 1, a. 12, arg. 6;「中庸」*ST* II-II, q. 47, a. 7, arg. 3 & ad3.

(70) 「自然本性の在り方」は『神学大全』第一一分冊や第一九分冊、「自然本性の仕方」は『神学大全』第一二分冊にある創文社（稲垣）訳。「自然本性のモドゥス」は、徳のはたらきを説明する際に用いられることが圧倒的に多いが、非理性的動物の本能が「自然本性のモドゥスに向かって動かされる」と言われるとき（*ST* II-II, q. 95, a. 7, c.）には、「節度」というより「在り方・仕方」を意味している、と言えよう。

(71) cf. *ST* II-I, q. 60, a. 1, arg. 2.（註63のテクスト）

(72) cf. *In IV Sent.*, d. 33, q. 3, a. 1 ad 3: “in actu virtutis non solum requiritur discretio ex parte rationis, sed etiam firmitas quaedam ex habitu inclinante ad actum per modum naturae.”

(73) *ST* II-I, q. 56, a. 5, c.; *De veritate*, q. 24, a .10, c., lin. 246–258; cf. *SLE* II, lect. 1, lin. 101–105; *SLE* III, lect. 15, lin. 97–100; *In II Meta.*, lect. 5, n. 332 : “quia consuetudo vertitur in naturam; unde et habitus ex consuetudine generatur, qui inclinat per modum naturae.”

(74) トマスが「第一の自然本性」という言葉を使っている箇所は多くはない（*In II Sent.*, d. 18, q. 2, a. 1, arg. 7; *De potentia*, q. 3, a. 4, ad 9）。

(75) 「第二の自然本性」という言葉を使っている箇所も多くはない（*In III Sent.*, d. 1 q. 2 a. 5, sol., n. 144）。代わりに「別の自然本性（altera natura）」（*De veritate*, q. 24, a .10, c., lin. 249–250）とか「いわば或る種の自然本性（quasi quaedam natura）」（*ST* II-I, q. 56, a. 5, c.）といった表現が用いられている。Cf. Budziszewski 2017, p. 21は、トマスのテクストにみられるキケロ的な徳の定義を“a habit like a second nature in accord with reason”と訳出している。

(76) Cf. *ST* II-I, q. 67, a. 1, c.: "in huiusmodi virtutibus aliquid est formale; et aliquid quasi materiale. Materiale quidem est in his virtutibus inclinatio quaedam partis appetitivae ad passiones vel operationes secundum modum aliquem. Sed quia iste modus determinatur a ratione, ideo formale in omnibus virtutibus est ipse ordo rationis."

(77) Cf. *In II Sent*., d. 27, q. 1, a. 1, ad 2: "potentiae naturales sunt determinatae ad suos actus ex seipsis; unde non indigent habitu determinante, sicut potentiae rationales, quae ad utrumlibet sunt."

(78) *ST* II-I, q. 63, a. 2, c.「通常」と言っているのは、トマスは、人間の理性ではなくて神法を規準とする「注入的な（倫理・知性的）徳（virtus infusa）」を認めているからである（*ST* II-I, q. 63, aa. 3-4, c.）。

(79) *ST* II-II, q. 47, a. 7, ad3.

(80) *In III Sent*., d. 33, q. 2, a. 3, c., n. 199; *ST* II-II, q. 47, a. 7, ad3.

(81) *ST* II-II, q. 58, a. 8, ad2; *ST* II-II, q. 129, a. 5, c.; *De virtutibus cardinalibus*, q. 5, a. 1, ad1; *De virtutibus cardinalibus*, q. 5, a. 3, c; *SLE* II, lect. 8, lin. 36.

(82) モドゥスを徳の分類に用いるというアイデアは、アルベルトゥス・マグヌス（*Super Ethica* VI, lect. 11）にもあり、いくつかの点でトマスの「モドゥス」概念の先駆をなしている。アルベルトゥスは、「思慮」と「知恵」や「政治学」との相違はモドゥスの相違であると述べている（p. 466, lin. 51-54; p. 467, lin. 78-84）。またモドゥスにおける区別と種における区別を対置し、前者はアナロギア的な区別、存在（esse）の相違による区別であるとしている（p. 468, lin. 39-47）。

(83) *ST* II-II, q. 157, a. 3, c.

(84) *ST* II-II, q. 157, a. 3, c.; *ST* II-II, q. 161, a. 4, c. トマスの枢要徳論の概観については松根二〇一五を、トマスの徳の区分とその問題点については周藤二〇一九を参照。

(85) *ST* II-II, q. 143, a. 1, c.

(86) 周藤二〇一九、五頁で、節制を完全な仕方でもつなら、寛容や穏和といった節制の能力的部分を必ずもつことになる、という解釈を提示した。

(87) 具体的な分類の例については、周藤二〇一九、二九―三四頁参照。

(88) 「正義」「勇気」「節制」のモドゥスについては以下のテクストにも記述がある。*In III Sent*., d. 33, q. 3, a. 2, sol. 1, n. 308.

(89) *De virtutibus cardinalibus*, a. 1, ad1: "omnem cognitionem dirigentem vocantes prudentiam"; *ST* II-II, q. 58, a. 8, ad2: "cognitio rerum appetendarum et fugiendarum." トマスが徳の一般的モドゥスとして記述している箇所である。後者はアウグスティヌス『八十三問題集』(q. 61, lin. 145-146) からの引用である。

(90) *In III Sent.*, d.33, q. 3, a. 1, sol. 1, n. 269; sol. 3, n. 285; d. 33, q. 3, a. 2, sol. 1, n. 306; d.33, q. 3, a. 4, sol. 1, n. 377.

(91) *ST* II-II, q. 157, a. 3, ad2. *ST* II-II, q. 137, a. 2, ad 1でも（徳の）モドゥスは形相の側に位置づけられている。また正義のモドゥスである「均等性」は「正義の一般的形相（generalis forma justitiae)」とも呼ばれている (*ST* II-II, q. 61, a. 2, ad 2)。

(92) *ST* II-I, q. 18, a. 7, ad3: "tanto erit formalius, quanto communius."

(93) *ST* II-II, q. 161, a. 4, c.

(94) *ST* II-II, q. 143, a. 1, c. & ad1 & ad2; *ST* II-II, q.157, a.3, ad2.「形相的モドゥス（modus formalis）において合致する」との表現もみられる (*ST* II-II, q.161, a. 4, ad2)。

(95) *ST* II-II, q. 157, a. 3, c.（註83のテクスト）同様の箇所として *ST* II-II, q. 161, a. 4, c.: "ex quo maxime laudem habet."

(96) *ST* II-II, q. 144, a. 1, c. トマスにおける「徳」の多義性についての包括的な研究としてはAnderson 2020 を参照。

(97) *ST* II-II, q. 145, a. 1, ad2.

(98) *SLE* I, lect. 18, lin. 53-55; lin. 134-135.

(99) *ST* III, q. 11, a. 5, ad2: "habitus reducitur in actum ad imperium voluntatis."

(100) *ST* II-II, q. 81, a. 6, ad1.

(101) 本質そのものの不可知性を主張しているトマスの様々なテクストについては、Durbin 1968, pp.170-171; Pasnau 2002, pp. 164-170に詳しい。

(102) *In De anima*, I, c. 1, lin. 259-260. *De potentia*, q. 9, a. 2, ad5では「時として（interdum)」という限定が加えられている。

(103) *In III Sent.*, d. 35, q. 2, a. 2, sol. 1, n. 138.

(104) 周藤二〇二二、二六―三二頁。

(105) *ST* II-II, q. 157, a. 3, c.（註83で引用している箇所）

(106) *ST* II-II, q. 146, a. 1, ad3.

(107) *ST* II-II, q. 186, a. 1, c.

(108) *ST* II-II, q. 141, a. 2, c.

(109) *ST* II-II, q. 19, a. 3, c.

(110) *ST* III, q. 3, a. 7, ad2: "nomen ab aliqua forma impositum..."

(111) *ST* II-II, q. 144, a. 1, c.

(112) トマスは、アリストテレスが『ニコマコス倫理学』第七巻第一章（1145a19-20）で論じている「英雄的・神的徳（virtus heroica vel divina）」は「聖霊の賜物」にあたるとの解釈を示している。*ST* II-I, q. 68, a. 1, ad1; *ST* II-II, q. 159, a. 2, ad1.「賜物」と「徳」の相違については加藤一九九九を、トマスを含めた「英雄的徳」の解釈史についてはCosta 2008を参照。

(113) *EN* III, c. 6, 1115a24-35.

(114) *SLE* III, lect. 16, lin. 27-35.

(115) *SLE* III, lect. 16, lin. 36-42.

(116) *SLE* III, lect. 16, lin. 47-48.

(117) 『命題集註解』（*In III Sent.*, d.33, q. 3, a. 3, sol. 3, nn. 351-353）や『ニコマコス倫理学註解』（*SLE* III, lect. 16, lin. 6-26）でも、五類型はまず二つに区別されるが、その区別の仕方は『神学大全』のものとは異なっている。

(118) *ST* II-II, q. 137, a. 1, ad3. これは、同問の本文で論じられている、徳による行為が善性と困難さをもちうる二つの事柄――（1）行為の種それ自体と（2）時間の長さ――とに対応している。

(119) *In III Sent.*, d. 33, q. 3, a. 3, sol. 3, n. 351.

(120) *ST* II-II, q. 128, a. 1, ad7.

(121) Cf. Albertus Magnus, *Super Ethica* III, lect. 10, p. 191, lin. 82-84: "Differt etiam in motivo, quia in vera fortitudine movet habitus virtutis fortitudinis, qui movet in modum naturae." 同様の表現はp. 191, lin. 59-62にも見られる。

(122) トマスにおける"motivum"（動かすことができるもの）の用法についてはPilsner 2006, Chapter 8を参照。トマスの著作において"motivum"は「作出因」「目的因」の双方に用いられている（Pilsner 2006, p. 200-202）。

(123) Cf. *In III Sent.*, d. 33, q. 3, a. 3, sol. 3, n. 351: "participant aliquid de virtute fortitudinis." 類似した表現がアルベルトゥス・マグヌス

の『倫理学註解』にある。*Super Ethica* III, lect. 1, p. 190, lin. 95-p. 191, lin. 2: "[S]icut participant aliquid virtutis omnes isti modi, ita etiam habent aliquid laudabilitatis et non perfectam laudem."

(124) *ST* II-II, q. 152, a. 1, c.: "[quod est ex parte corporis] per accidens se habet ad moralem actum, qui non consideratur per se nisi secundum ea quae sunt animae."「自体的付帯性」と「付帯的付帯性」との区別についてはDeferrari 1948 (2) (f) "accidens extraneum seu quod omnino per accidens se habet and accidens per se"の項を参照。また次のテクストは「自体的付帯性」の特徴を言い当てている。*ST* I, q. 3, a. 6, c.: "sicut risibile est per se accidens hominis, quia huiusmodi accidentia causantur ex principiis subiecti."

(125) *ST* I, q. 12, a. 4, c.

(126) Cf. *De ente et essentia* I, c. 1, lin. 45-49: "nomen naturae hoc modo sumptae videtur significare essentiam rei, secundum quod habet ordinem ad propriam operationem rei, cum nulla res propria operatione destituatur."

(127) *In II Sent.*, d. 15, q. 1, a. 2, c.

(128) こうした場合の属格「の」は、同格関係を意味する「説明の属格（genetivus explicativus）」として用いられていると言える。

(129) *De potentia*, q. 3, a. 9, c. 同様の箇所として、*ST* III, q. 77, a. 3, c.

(130) *ST* II-I, q. 55, a. 2, ad1: "unumquodque enim quale est, talia operatur."同様の定式が見られる箇所として*SCG* IV, c. 19, n. 3558.

(131) トマスの状況概念・理論については、Pilsner 2006, Chapter 7及びGründel 1963, pp. 580-646が参考になる。前者はトマスの状況概念の整理、後者は個々のテクストの分析と歴史的背景の研究に優れている。

(132) *ST* II-I, q. 7, a. 1, c.: "quaecumque conditiones sunt extra substantiam actus, et tamen attingunt aliquo modo actum humanum, circumstantiae dicuntur."『悪について』では、このうち前半部（行為にとっての外的要素）をもって「状況」と呼ばれるとしている。*De malo*, q. 2, a. 6, c. lin.177-179: "Dicitur autem circumstantia quod circumstat actum quasi extrinsecus extra actus substantiam consideratum."

(133) *ST* II-I, q. 7, a. 2, ad2.『命題集註解』(*In IV Sent.*, d. 16, q. 3, a. 1, sol. 1）では、行為と行為に関して協働しうるものの比例（proportio）つまり均衡（commensuratio）ないしはそれに由来する「概念（conceptio）」が「状況」とされている。また『悪について』(*De malo*, q. 2, a. 4, ad9, lin. 338-339）では、行為の遠隔目的への秩序が「状況」であるとも言われている。

(134) 中世の状況理論の歴史的源泉についてはGründel 1963が詳しい。アリストテレス、キケロ、ボエティウス以外で、トマスが「状況」の種類と数を論じる際にとりあげている作品として（cf *In III Sent.*, d. 16, q. 3, qa. 3）、一一世紀から一二世紀の作品と想定されている偽アウグスティヌスの『真なる悔悛と偽なる悔悛について（*De vera et falsa paenitentia*）』（Wagner 1995）と一二世紀に書かれたヴァンドームのマタエウスの『詩作術（*Ars versificatoria*）』（次註参照）がある。

（135） *ST* II-I, q.7, a. 3, c. ここでトマスがキケロのものとして列挙している七つの「状況」の語彙は、ボエティウスの『様々なトピカについて』(IV, p.85, lin. 6-p.86, lin. 17) とヴァンドームのマタエウスの『詩作術』(I, 116, ed. E. Faral, *Les arts poétiques du XIIe et du XIIIe siècle*, p.150) で提示されているものと一致する。「状況」の数が七つとする議論については、*De malo*, q. 2, a. 6; *In IV Sent.*, d. 16, q. 3, a. 1, qa.2-3; *SLE* III, lect. 3, lin. 123-160を参照。このうち『命題集註解』に限って、ubiやquandoといった疑問詞は概念を示すのに対して、locusやtempusといった名詞は物事を示す、という区別が提示されている。

（136） *ST* II-I, q. 7, a. 4. c.

（137） *ST* II-I, q. 7, a. 3, ad2.; *SLE* III, lect. 3, lin. 157-160.

（138） 『命題集註解』(*In IV Sent.*, d.16, q. 3)、『悪について』(*De malo*, q. 2, a. 6)、『ニコマコス倫理学註解』(*SLE* III, lect. 3) では、それぞれ異なる視点から状況が二つないしは三つのグループに分けられている。

（139） 具体例についてPilsner 2006, p. 178に学んだ。テクストの箇所は、(1) *ST* II-I, q. 89, a. 3, c. (2) *ST* II-I, q. 7, a. 3, ad3 (3) *ST* II-I, q. 18, a. 10, c. (4) *De malo*, q. 2, a. 6, ad2, lin. 290 (5) *ST* II-II, q. 117, a. 3, ad2 (6) *ST* II-I, q. 7, a. 3, ad3. (5) の箇所では「道具」と言われているだけで、とくに「状況」に位置づけられているわけではない。

（140） *SLE* III, lect. 3, lin. 140-150.

（141） Cicero, *De inventione* I, cc. 24-28.

（142） Boethius, *De topicis differentiis* IV, c. 10, 1212C-1214A, p. 85, lin. 6-p. 86, lin. 17.

（143） Cicero, *De inventione* I, c. 27 [41].

（144） Boethius, *De topicis differentiis* IV, c. 10, 1214A, p. 86, lin. 16.

（145） *ST* II-I, q. 7, a. 3, ad3: “quasi quaedam qualitas accidentalis”; *ST* II-I, q. 7, a. 4, ad2: “pertinet ad qualitatem actus.”

（146） *ST* II-I, q. 18, a. 10, c. & ad2.

（147） *De malo*, q. 2, a. 6, c., lin. 202-210.

（148） *In IV Sent.*, d. 16, q. 3, a. 1, qa. 1, sol. 1: "actus nostri dicuntur morales secundum quod a ratione ordinantur in finem voluntatis; ex hoc enim habent rationem boni vel mali."

（149） *In IV Sent.*, d. 16, q. 3, qa. 2, ad 2: "secundum quod consideratur ipsa substantia actus absolute."

（150） *ST* II-I, q. 7, aa. 1-4; q. 18, a. 3, a. 10, a. 11; *SLE* III, lect. 3.『命題集註解』(*In IV Sent.*, d. 16, q. 3, a. 2, qa. 3) と『悪について』(*De malo*, q. 1, aa. 6-7) では（a）（b）に焦点をあてつつも（c）を含めた広い意味での「状況」が論じられている。

（151） *ST* II-I, q. 72, a. 9, c. & ad2; *ST* II-I, q. 18, a. 10, ad2. ただし、類的な種から最下種に限定するという仕方では種を変えることがある。例えば、教会で盗むことで「盗み」は「瀆聖（sacrilegium）」になり (*De malo*, q. 2. a. 6, c., lin. 237–239)、早く食べることで「貪食（gula）」は「早食い」になる (*De malo*, q. 2. a. 6, c., lin. 170-174)。

（152） *In IV Sent.*, d. 16, q. 3, a. 2, sol. 1 & sol. 3; *De malo*, q. 2, a. 7, c.

（153） *In IV Sent.*, d. 16, q. 3, a. 2, sol. 1 & sol. 3; *De malo*, q. 2, a. 7, c.

（154） *ST* II-I, q. 7, a. 3, ad2.

（155） *In IV Sent.*, d. 16, q, 3, a. 2, sol. 3: "una sola circumstantia peccati rectitudinem virtutis aufert"; *In div. nom.*, c. 4, lect. 22, n. 572.

（156） *In II Cor.*, c. 9, l. 1, n. 332. 同様の箇所として *In II Sent.*, d. 27, q. 1, a. 1, c.

（157） *ST* II-I, q. 59, a. 4, ad1; *ST* II-I, q. 60, a. 2, c.; *SLE* I, lect. 13, lin. 93–96.

（158） 「諸状況が徳に存在（esse）を与える」とか「行為に徳の種にそくした存在を与える」といったアルベルトゥス・マグヌスの言葉 (*De bono*, tr. 1, q. 3, p. 38, lin. 49-50; lin. 61–62) はこのことを指すと考えられる。トマスにも後者に似た発言がある。*De malo*, q. 2, a. 7, ad 6, lin. 115–117: "[V]irtus quodammodo habet speciem ex circumstantiis debitis."

（159） cf. *ST* II-II, q. 8, a. 1, arg. 2: "dona divina participantur a creaturis secundum earum <u>proportionem</u> et <u>modum</u>: ut patet per Dionysium in libro de *Div. Nom.*" modus は proportio を言い換えたものとも解釈できる。

（160） *De virtutibus in communi*, a. 12, ad 6.

（161） *ST* II-II, q. 148, a. 2, c. ; *ST* II-II, q. 148, a. 2, c. 前者には "<u>commensurata</u> ut sint <u>proportionata</u> fini" という表現がある。

（162） *In III Sent.*, d. 33, q. 2, a. 3, c., n. 199 : "debita commensuratio circumstantiarum" ; *In IV Sent.*, d. 16, q. 3, a. 2, qa. 1, sol. 1; *ST* II-II, q. 6, a. 2, ad2.

（163）*In IV Sent.*, d. 16, q. 3, a. 2, qa. 1, sol. 1.

（164）*In II Meta.* lect. 5, n. 332 : "Ex hoc autem quod aliquis habet talem naturam vel talem habitum, habet proportionem determinatam ad hoc vel illud." cf. *ST* II-I, q. 60, a. 2, c.

（165）cf. *ST* II-I, q. 60, a. 2, c. : "commensuratio interiorum passionum."

（166）偽ディオニュシオス『神名論』(c. 4, 7, 701C, p.151, lin. 7) の典拠とともに、こうした主張がなされている。*ST* II-II, q. 141, a. 2, ad3; *ST* II-II, q. 145, a. 2, c. & ad1. 倫理的側面の「モドゥス」における偽ディオニュシオスの影響は他にも見られる。「人間の善は理性に即したものであり、人間の悪は理性から外れたものである」(cf. *De div. nom.*, c. 4, 733A, p. 178, lin. 1-2)「善はただ一つの完全な原因によって生じるが、悪は多くの個別的な欠陥によって生じる」(*De div. nom.*, c. 4, 729C, p. 175, lin. 10-11) といった主張が、アリストテレス・キケロ的な伝統の徳論や状況論と融合する形で展開されている。

（167）*SLE* I, lect. 13, lin. 104-107: "pulcrae autem sunt secundum ordinem debitum circumstantiarum quasi quarumdam partium, nam in debita commensuratione partium, pulchritudo consistit."

＊本研究はJSPS科研費JP20K00005の助成を受けたものである。

（筆者　すとう・たき　京都大学大学院文学研究科教授／西洋哲学史）

情報の哲学史試論
――『ポール・ロワイヤル論理学』・ライプニッツ・カント――

五十嵐　涼　介

一　はじめに

近年、我々の生活には情報技術が欠かせないものとなっており、またAIの急速な発展が学術から日常生活に至るまで実際に影響を及ぼすまでとなっている。このような状況の中、「情報の哲学（Philosophy of Information）」と呼ばれる哲学の一分野がますます存在感を増してきている。

情報の哲学は、情報・計算機科学の発展を背景として、一九八〇年頃より形成されたと見られる分野である（Floridi 2011, 5-7）。一般に、ある学問分野を特徴付けるのは、その対象と方法論であると言われるが、情報の哲学における第一人者であるL. Floridiはこの2つの観点から、情報の哲学を以下のように定義している。

> 情報の哲学（PI）とは、（a）情報（そのダイナミクス、用法、科学を含む）の概念的本性と基本的原理についての批判的探求、および（b）情報理論的・計算的方法論の哲学的問題に対する展開と適用に関する哲学的分野である。（Floridi 2011, 14）

言い換えるならば、情報の哲学を特徴付けるのは、（a）「情報」という概念を探求の対象とすること、および（b）情報科学的な方法論の哲学への導入という2つの観点である。

ただし、Adriaansが指摘するように、未だ「情報の哲学とはどのような分野か」という問いに対する広い合意があるというわけではない（Adriaans 2020）。むしろ、「情報」という概念の多様さを反映するように、様々な対象やアプローチを包摂した学際的な分野となっていると言える。Floridiの定義は、そのような状況を包括するようなもっとも一般的な特徴付けを与えたものであるとみなすべきだろう。

さて、情報の哲学を以上のように特徴付けるとするならば、現代において発展した様々な情報概念の分析を手がかりとしながら、従来の哲学史を「情報の哲学史」として読み替えるというアプローチもまた可能となるだろう。実際にこのようなアプローチによる研究は、先述したFloridi, Adriaansらも（部分的ながら）取り組んでおり、哲学史を通底する新たなテーマとして、今後はより多くの関心を集めることになると思われる（Floridi 2011, 17-24; Adriaans 2020）。本論が行うのはまさにこのような試みであり、主な対象としては近世の論理思想を取り上げる。

近世の論理学は、論理学史においてはほとんど暗黒時代として扱われているように思われる。論理学という分野を打ち立てた古代や、様々な技術的発展を生み出した中世に比べて、近世は（ライプニッツによる普遍記号学などのわずかな例外を除けば）論理学を徒に主観・心理学・認識論化し、むしろ学としての歩みを後退させた。さらに、近世の論理学はアリストテレス由来の主語-述語形式の判断を基本としていたため、数学や諸科学を形式的に扱うだけの表現力を手にすることはできなかった。そして、そのような暗黒時代からの論理学のルネッサンスには、フレーゲやパースらによる現代論理学の創設を待たなければならなかった。以上のような見方が、ある程度のコンセンサスをもって共有されている近世論理学への否定的評価ではないだろうか。このような評価はもちろん、まったく的外れというわけではない。むしろ、現代論理学の目覚ましい発展に鑑みるならば、近世の論理学が非常に大きな限界を抱えていたことは事実という他ない。しかしながら、以後の議論で明らかになるように、近世の論理思想は今日的な意味での「論理学」の枠を離れ、情報の哲学の観点から再解釈することで、まったく異なる姿を現す。すなわち、近世の論理学を、現代の論理学とは異なる目的・方法論を持つ、ある種の「情報」についての理論と見なすことで、その洞察の本来の意義や現在の情報科学との親和性・連続性が明らかになると考えられるのである。本論の以下の議論は、このような近世論理学の洞察と歴史的意義を、現代の情報科学の成果を援用しながら示す試みである。

ここで、本論で遂行される議論についていくつか留意すべき点を述べておく。まず、本論が試みる歴史的探求は、「情報」という語の語源学的な探求を行うものではなく、「情報」に関連すると見なせるテーマ・概念について、現代的な観点を援用しながら、統一的・連続的な歴史観を形成することを目指している。したがって、以下では「情報」という語それ自体が登場することはほとんどなく、むしろ「表象」「観念」「概念」といった伝統的な哲学的概念が主な考察対象となる。また本論では、これらの語・概念の差異を捨象し、「心的に表象される記号」という側面にのみ着目する。また特に問題がない場合には、「概念」という語を優先して用いることにする。次に、本論の主な目的は、新しい歴史的事実を実証的な形で明らかにするのではなく、ある程度コンセンサスのある研究結果を参照しながら、「情報」という観点から新たな歴史観を提示することにある。この意味で、本論が試みるのはあくまで「試論」であり、より実質的な「情報の哲学史」の形成は、筆者もしくは後続者による将来の仕事によって担われるだろう。最後に、筆者の能力不足により、以下で取り上げる『ポール・ロワイヤル論理学』およびライプニッツの著作については、邦訳を底本とし、適宜英訳を参考にした。これは哲学史研究としては非常に大きな弱点であるが、本論の目的に照らすならば許容可能であると判断する。しかしながら、もしこれらの著作の理解に問題があったとすれば、それはすべて筆者の責任である。読者は以上の点に注意しながら以下の記述を読み進めて欲しい。

以下では、近世の論理思想の中でもとりわけ、A・アルノーとP・ニコルによる『ポール・ロワイヤル論理学』、ライプニッツ、カントを取り上げる。このうち、第2節で見る『ポール・ロワイヤル論理学』は近世でもっとも強い影響力をもった論理学のテキストである。この著作では、アリストテレス的抽象主義（A-a主義）と呼ばれる立場が明確に確立されており、このことが近世の哲学・論理学思想において非常に重要な意義を持つと考えられる。さらにこれに関連して、『ポール・ロワイヤル論理学』は「内包」と「外延」という概念を導入したことでも知られている (cf. Kneale & Kneale 1962, 318)。本論では以上の主題について、現代の情報科学における知識表現やオントロジー、形式概念分析といった分野との関係の下で考察する。

次に見るライプニッツとカントは、共にA-a主義を継承しながら、まったく異なった2つの方向性において発展させたと見られる。ライプニッツはアリストテレス的抽象主義の概念構造の理論化を展開し、デカルトやホッブスの思想を取り入れることで形式的な側面から一つの到達点にたどり着いた。それは、ある種の代数的構造としての概念計算、および同時に人間の思考を計算として理解する普遍記号学の構想である。第3節では、この点をW. Lentzenの研究を踏まえつつ論じる。

一方、カントはA-a主義の形式的側面についての新たな成果は全くといっていいほど生み出さなかった。(1) 彼が行ったのは、むしろA-a主義と実世界の結びつきについて新たな洞察を与えることである。第4節ではこの点を、『純粋理性批判』における「超越論的論理学」を分析することを通じて明らかにする。この議論では、Harnad (1990) が提唱した「記号接地問題」の観点を援用しつつ、カントの洞察の意義を再解釈することを試みる。

二　『ポール・ロワイヤル論理学』

A・アルノーとP・ニコルによる『論理学あるいは思考の技術――共通の規則に加えて、判断を形成するのに適切な多くの新しい観察を含む』（1662）は、通称『ポール・ロワイヤル論理学』と呼ばれるデカルト派論理学の教科書である。(2) 19世紀に至るまで近世でもっとも強い影響力を持ち、ロックの認識論にも強い影響を与えたと見られる（cf. Pearce 2019）。本論では、もっとも標準的とされる第五版（一六八二）を参照した。

『ポール・ロワイヤル論理学』に代表される近世の論理学のもっとも重要な特徴は、その基本的な構成単位として「概念」を考えるという点にある。その理論を情報の哲学の観点から分析するにあたって、まずはJ. Heisが「アリストテレス的抽象主義」（A-a主義）と呼ぶ立場に言及しておこう。A-a主義とは、近世において広く受け入れられていた伝統的な概念の理論であり、カッシーラーが批判対象とした立場である（cf. Heis 2007）。ただし、Heisが指摘するように、このような立場が実際にアリストテレスに由来するのかは疑わしい。むしろ上述したような特徴付けは、中世の様々な思想的変遷を経て、近世のいずれかの時点において確立したとみるのが自然であると考えられる。ここで、我々にとって重要なポイントは、『ポール・ロワイヤル論理学』において、A-a主義がほぼ完全な形で確立されている点にある。このため、少なくとも近世におけるA-a主義の（おそらく最大の）源流の一つはこの著作であったと推測することができる。以下では、Heisがカッシーラーによる A-a主義の特徴付けを整理したものを引用する。

A.　概念構造についてのアリストテレス主義：概念は、単純であるか、もしくは単純概念の結合・可算・排除によって構成される。

A1.　論理における包含・排除関係：論理は、概念の関係を判断と推論において捉える。ここでの判断は、典型的には概念がお互いに排除するか包含するかが判断される主語-述語形式である。一方推論においては、すでに確立された関係から、新たな包含もしくは排除の関係が導き出される。

A2.　三段論法の十全性：三段論法（syllogism）は、これらの関係を捉えたものである。

B.　概念形成についてのアリストテレス主義：概念は特殊なものにおける類似性や差異に注目し、共通要素としての概念を、この類似性もしくは差異から抽象することによって形成される。複合的な概念は、単純な概念から結合・可算・そして排除することによって、もしくは概念の類似性や差異に注目し、この類似性や差異から抽象することによって形成することができる。

B1.　概念は本質的に一般的である：概念形成の機能は、精神をより高いレベルの一般性へ到達させることにある。

B2.　概念の道具主義：新たな概念の形成は、新しい内容を付け加えず、単にすでにある内容についてより効率的に思考したり、推論するための新たな道具を与えるのみである。

B3.　特殊の優位性：新たな概念の形成においては、その概念を抽象する前に、それに下属する特殊（または概念）をすべて（あるいは少なくとも十分な数において）把握し、調査していなければならない。（Heis 2007,

92–94)

　敷衍するならば、この要約におけるAで述べられているのは、観念（概念）の構造の特徴付けである。より踏み込んだ解釈をするならば、我々の知識が持つデータ構造についての一つのモデルを示したものであると考えてもよい。この立場に従うならば、例えば「三角形」の観念は、「延長、図形、三つの辺、三つの角、およびこれら三つの角が二直角に等しいこと」（LPR, 52）などから構成されている。また、このような観念間の包含関係は、いわゆるポリュピュ

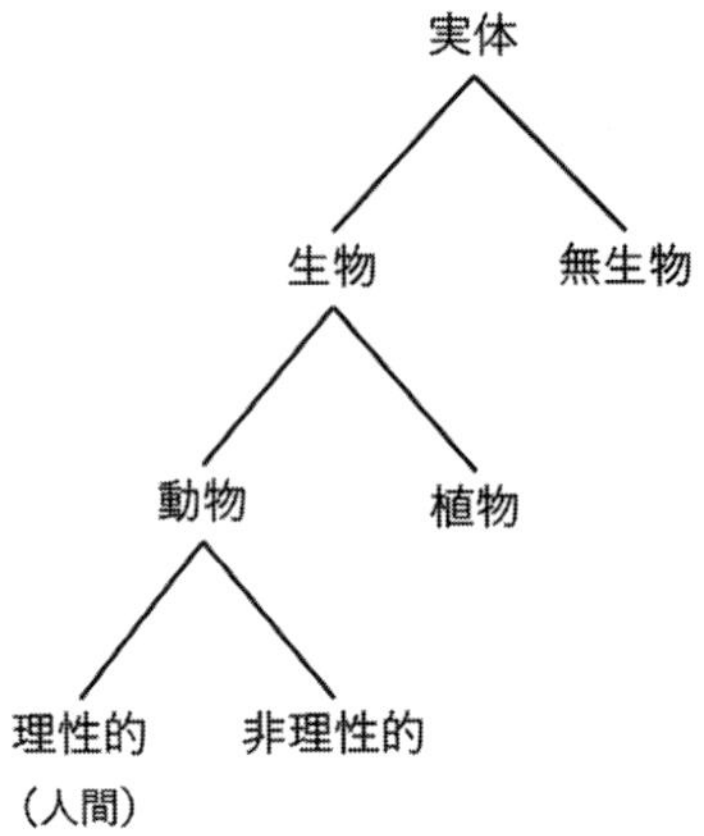

図１　ポリュピュリオスの樹

リオスの樹（図１）に代表されるような階層構造を形成する。この例では、もっとも上位の概念を「実体」として二分法により下位概念が与えられているが、例えば「動物」は上位概念であるところの「生物」に対して「動的」という概念を結合することで得られるということを意味している。また、この概念の包含関係による順序構造には、もっとも上位に位置する最上位概念と、もっとも下位に位置する最下位の概念を持つ。この概念の形式的な階層構造は、最上位の概念から個体に直接適用される最下位の概念まで、それぞれの内部構造にしたがったヒエラルキーを構成する。また、論理学が与えるこのような順序構造は、形而上学的概念の体系に対する背景理論を提供するものであると考えられる。

　A1にまとめられているように、論理における「判断」は、観念の間の包含・排除関係を表示する。(3) すなわち、「三角形は図形である」「三角形は四つの辺を持たない」などの表現によって、二つの観念が包含するか、あるいは排除し合うかを表現するのである。さらにA2にあるように、「推論」はこのような関係からさらに新しい関係を導

き出すような思考のプロセスを意味する（特に三段論法は、媒名辞を介して、複数の判断を関連付ける推論形式である）。すなわち、観念は包含・排除関係によって相互に関係づけられ、さらに論理は第一義的にはこのような関係を表現・操作するための理論であると考えられている。なお以上で述べたような、概念・判断・推論の関係は、近世論理学の基本的な枠組みであり、『ポール・ロワイヤル論理学』において確立されたと見られる。

一方、Bで述べられているのは、我々の概念形成についての理論である。「抽象主義」という名称に表れているように、A-a主義における概念形成は、知覚により与えられた特殊からの「抽象」が根幹である。『ポール・ロワイヤル論理学』においても、概念獲得における抽象の重要性が強調されている。(4) このプロセスは第一に、感覚的に与えられる特殊から部分を取り出すことで、有限な精神が扱いうる対象であるところの共通観念（概念）を獲得する過程である。例えば、我々は様々な三角形から共通の性質を抽象することにより一般的な三角形の概念を獲得することができる。またさらに、例えば「三角形」と「四角形」から「図形」という概念を獲得するように、すでに得られた概念からさらに抽象を行うことで、我々はより上位の概念を獲得することができる。すなわち抽象とは、上述した概念の階層構造を下位からより上位へと上昇するプロセスであり、我々の知識の体系はこのような過程において形成されると考えられているのである。(5)

以上の整理は、『ポール・ロワイヤル論理学』において確立された近世論理学は、前述したように、現代論理学とは別の目的と方法論を背景とした理論であることを示している。現代の標準的な論理学は、基本的単位としての命題間に成り立つ推論関係を中心的に扱う。これに対して、上述した近世論理学の目的は、我々の知識を「概念」という単位にしたがって体系化するための理論を構築することであり、判断や推論は概念体系を表現・拡張するものと見なされている。またこの文脈での「概念」は、心的表象でありながら、一定の規則によって構成される構造体である。このように考えるならば、近世論理学は今日的な意味な整理では、論理学というよりむしろ「知識表現

(Knowledge Representation)」や「オントロジー(Ontology)」及びその記述言語の理論に親近性を持っている(cf. Minsky 1974; Davis et al 1993; 溝口 2005)。これらの分野は、ある種の「概念」を基本的な構成要素とすることが多く、またその特性上、心理学や認知科学との関連性も深い。前節で見たような近世論理学に対する否定的評価は、それが論理学というよりもむしろ「情報」についての理論であることを適切に理解していなかったためのものであると見なせるのである。

ところで、『ポール・ロワイヤル論理学』において導入された重要な観点として、観念の「内包」と「外延」の区別がある。

> ところで、これら普遍的な観念には「内包(compréhension)」と「外延(étendue)」という二つのものがある。(中略)私が観念の「内包」と呼ぶのは、観念がそれ自身で含んでいる属性であり、それを除去すればその観念を破壊しかねないものである。たとえば、三角形の観念の内包は、延長、図形、三つの辺、三つの角、およびこれらの角が二直角に等しいこと、などを含んでいる。
>
> 私が観念の「外延」と呼ぶのは、その観念が適合する主語である。それは一般語の下位のものとも呼ばれるが、下位の観点からは上位のものと呼ばれる。例えば、三角形の観念一般はあらゆるさまざまな種類の三角形にまで及ぶ。(LPR, 51-52)

すなわち概念の「内包」とは、A-a主義的な包含関係によってその概念(観念)に含まれる性質の集合であり、「外延」とはその概念(観念)が適用される対象の集合を意味する。(6)

ここで、以上で述べられた概念の理論を再び情報の哲学の観点から捉え直すと、これまで見てきたようなA-a主義および「内包」と「外延」の区別は、現代の情報科学におけるデータ分析手法の一つである「形式概念分析(Formal Concept Analysis)」との類似性・連続性を持つことが指摘できる(cf. 鈴木・室伏 2007; Davey & Priestley 2012)。形式概念分析とは、「概念データを思考単位として、概念構造の明確化や事象の分析、データの可視化及びデータ依存関係などを明らかにする」ものであり(鈴木・室伏 2007)、ここでの「概念データ」とは、より詳細には内包(属性集合)と外延(オブジェクト集合)を構成要素としてもつ「形式的概念(formal concept)」である。さらに、このような形式的概念は、内包および外延の包含関係にしたがって、ある種の階層構造(「概念束(concept lattice)」)を形成するが、これは先に見たA-a主義に基づいた概念の順序構造とほぼ同型のものとなると思われる。形式概念分析は、データ分析の現場で実際に役立つツールとして、広く応用研究がなされている手法である。このように、伝統的なA-a主義的概念観をベースにした理論が実用的な情報科学の一分野となっているという事実は、『ポール・ロワイヤル論理学』において定式化された論理学が、今日的な意味ではむしろ「情報」についての理論であると見なしたほうがより適切であるということを示している。

三　ライプニッツ

ライプニッツ(1646-1716)は近世論理学における巨人であり、アルノーとも直接の交流があった。しかしながら、本論では両者の直接の影響関係は主題とせず、『ポール・ロワイヤル論理学』に現れているA-a主義がライプニッツの理論において、どのような発展を遂げたのかにのみ注目する。また、論理学および情報の哲学史におけるライプニッツの仕事の意義についてはすでに広く周知されているため、以下では彼の論理思想の背景にA-a主義的な枠組みがいかに関係していたのかという問題に焦点を当てることにする。

周知の通り、ライプニッツの論理学は概念の内包に基づいた体系であり、この点で（少なくとも概念構造に関しては）前述したA-a主義的概念観に則っていると言える。一方、『ポール・ロワイヤル論理学』との差異は、第一に、概念の操作が数の計算と類比的に理解されているという点である。第二に、部分的に記号を用いた表記を導入し、より形式的な定式化がなされている点が挙げられる。このような特徴は例えば、『普遍的記号法の原理』（1679）における以下の記述に現れている。(7)

> 「動物」、「人間」、「理性的」のような項を数a、b、cで表現する。ただし次の一事が遵守される：項を組成する諸項の数はお互いにかけ合わされてその項の数を組成する。したがって、「動物」と「理性的」は「人間」を組成するため、人間の項であるbはaとcの積acに等しいであろう。(EC, 57)

ここでは、概念（項）がそれぞれ記号a、b、cによって表記され、また概念の結合が数の積と類比的に理解されている。このようなライプニッツの方法は論理学についての一連の著作において探求され、以下で扱う『概念と真理の解析についての一般的研究』（一六八六、以下『一般的研究』）において一定の数学的構造をもった体系として結実した。W. Lenzenによる有名な研究は、この体系の形式的な分析を行い、それが現代的な観点からブール代数と呼ばれる代数的構造と同型となることを示した。以下では、この体系についてのLenzenの分析を概観する。まず、概念を*A*, *B*, Cによって表記し、またLentzen（1984）に従い以下の記法を導入する。

Ⅰ、*A*＝*B*（同一性）：AとBは同一の概念である

Ⅱ、*AeB*（包含関係）：AがBを内包として含む

Ⅲ、*AB*（連言）：AとBの結合

Ⅳ、$\overline{A}=B$（否定）：Aの否定

Ⅴ、$M(A)$（不可能性）：Aが可能である

次に、Lenzenは（彼がL1と呼ぶ）ライプニッツの概念計算の体系を形式化するにあたって、17の規則を取り上げているが、ここでは現在の文脈において重要な次の5つに着目する。

1）AeA：「AはAである。」（GI, §37）

2）$AeB \wedge BeC \rightarrow AeC$：「もしAがBかつBがCであるなら、AもCとなる。」（GI, §19）

3）$AeBC \leftrightarrow AeB \wedge AeC$：「AがBを含みかつAがCを含むことは、AがBCを含むのと同じことである。」（GI, §35）

4）$\overline{\overline{A}}=A$：「non non A＝A」（GI, §96）

5）$\neg M(A\overline{B}) \leftrightarrow AeB$：「もし「A non Bはない」と言うならば、それは（中略）「AはBを含む」（中略）というのと同じである」（GI, §200）

6）$AeB \wedge M(A) \rightarrow M(B)$：「AがBを含むとき、Aが真であれば、またBも真である」（GI, §55）

Lenzen（1984）が明らかにしたように、以上の6つの規則によって公理化される概念計算の代数はブール代数に同型となる。G. Booleが伝統論理学を形式化する過程でブール代数を定式化したのは一八四七年のことであるから、ライプニッツは驚くべきことに一八〇年ほど前に同様の結果にたどり着いていたということになる。

この結果が本論の目的にとって持つ意義は、ライプニッツの概念計算がA-a主義的な概念構造の理論を精緻化・理想化することにより得られているという点にある。ブール代数は、古典論理や集合演算などの基礎理論から、データベースやスイッチング回路の理論における応用に至るまで、現代の情報科学の様々な場面に登場する重要な代数系である。Lenzenによる以上の分析は、A-a主義における概念構造が（少なくとも一定の理想化の上で）こうした正当な数学的構造として定式化可能であり、またそれが実際に一定の完成度を持って達成されていたことを示

しているのである。(8)

一方、ライプニッツは、A-a主義に見られる「抽象」という概念形成のプロセスにはほとんど重きを置いていない。論理学についての中心的な著作である『一般的研究』を始め、論理的な探求においては抽象というプロセスが主題的に取り上げられることはなく、『人間知性新論』においてもわずかに言及されているのみである(NE, 5:50, 268, 414)。これに対して、ライプニッツの概念形成論の中心を担っているのは、まさに上述した概念計算の方法である。そこでは、特殊から共通概念へと上昇するA-a主義的な抽象のプロセスではなく、単純な概念からの計算によって知識を形成する普遍記号学の構想が具体化されている。このようなライプニッツの概念形成論は、周知の通り(1)デカルトの普遍学、および(2)ホッブスに代表される、人間の思考をある種の計算と見なす思想の影響を受けている(cf. Kneale & Kneale 1962, 325)。すなわち、上述したライプニッツの論理思想は、本論の文脈において解釈するならば、A-a主義の概念構造の理論という側面を発展・精緻化することで成立したと評価することができる。

四　カント

以下で取り上げるカントの思想は、前節で見たライプニッツの思想とは対照的である。カントは、論理学の形式的な側面については目立った仕事はしておらず、『イエッシェ論理学』(一九〇〇)を始めとした講義録においては、『ポール・ロワイヤル論理学』において確立されたA-a主義的論理学をほぼそのままの形で継承していることが見てとれる。それにも関わらず本論がカントの思想を取り上げる理由は、それが情報の哲学史という観点から見て重要な洞察を、特に概念形成の理論において与えていると考えられるからである。以下ではこの点を、『純粋理性批判』における「超越論的論理学」についての教説を取り上げながら論じる。

カントの論理学には、「一般論理学」と「超越論的論理学」という二つの部門の区別がある。このうち一般論理学とは、すなわち伝統的な形式論理学を意味しており、これは主に『イエッシェ論理学』などの講義録において見出されるA-a主義的な論理学である。カントによれば、一般論理学は「われわれに、認識の内容については何ら教えることなく、ただ単に悟性との一致の形式的条件を教えるにすぎず、この形式的条件は、その他の点では対象に関してまったく無関係」(KdrV, A61/B86)である。これに対して超越論的論理学は、カントが独自に作り上げた「必ずしも認識の内容の一切を捨象しない論理学」(KdrV, A55/B80)であり、真理の「実質的な基準」を与える。これはすなわち、一般論理学は単に概念間の形式的関係を扱うのに対して、超越論的論理学は概念の意味論を与えるような部門であると解釈できる。(9) 以下では、カントが超越論的論理学として提示した理論を、現代の情報科学における「記号接地問題(symbol grounding problem)」の観点から再構成する。

「記号接地問題」とは、認知科学者S. Harnadが提唱した人工知能研究における問題であり、コンピュータが扱う形式的体系内の記号が、どのようにして実世界の対象と結びつけられるのかという問題である(Harnad 1990)。Harnadが本来考察の対象としていたのは記号操作の体系としてのプログラム・人工知能であるが、前節までの議論が示唆していたように、我々が抱く「概念」もまた一種の記号体系であると見なすことができるとすれば、これを用いた人間の思考のモデル化においても類比的な問題が存在しうると言えるだろう。(10) 以下で明らかになる通り、実際のところカントの枠組みでは一般論理学によって扱われる概念の形式的体系が、いかにして感性によって与えられる外的対象に結びつけられるかが最大の問題の一つとして浮上しており、この意味で彼の理論は現代の記号接地問題と関心の多くを共有していると言えるのである。

ここで一旦前節までの議論を振り返ると、このような概念と対象の関係を巡る問題は、『ポール・ロワイヤル論理学』およびライプニッツの思想では前景化しなかった。これは、両者ともに概念と対象(の知覚)は連続的なものであると捉えていたからである。すなわち、前者においては具体的事物からの「抽象」というプロセスが概念と対象の連続性を担保し、一方後者においてはいわゆる「個体概念」のレベルにおいて概念と対象は直接に結びついていた。以上の点をカントは、（A-a主義的立場の代表としてはロックを名指ししつつ）以下のように述べている。

> 一言にしていえば、ライプニッツは現象を知性化した。それはロックが悟性概念を精神発生論（こういう言葉を使うことが許されるなら）ともいうべき彼の体系によってことごとく感性化した、すなわち経験的あるいは抽象的反省概念以外の何ものでもないと揚言したのと同様である。（KrdV, A271/B327）

これに対して、カントは感性と悟性という二つの認識能力と、それぞれの能力が扱う表象（「直観」と「概念」）を区別する。このような能力・表象の二元論が「概念がいかにして意味を持ち得るのか（対象の直観と結びつくのか）」という問題を深刻なものとして浮上させるのである。この論点は、以下の有名な一節に端的に表現されている。

> 内容なき思想は空虚であり、概念なき直観は盲目である。それゆえ自己の概念を感性化すること（すなわち概念に対象を付け加えること）が必要であるとともに、自己の直感を悟性化すること（すなわち直観を概念の下に包摂すること）が必要である。（KrdV, A51/B75）

それでは、カントはこの問題に対してどのような解答を与えたのだろうか。その鍵となるのは、「カテゴリー」と「超越論的図式」という二つの道具立てである。以下では、カントによる解答をこれまでの議論を踏まえながら整理してみよう。

まず前提として、概念と直観という二つの表象タイプをわける最大の違いは、それぞれが異なった「形式」に従っている点にあると考えられる。すなわち、前者はA-a主義による概念の包含関係に基づいた階層構造を成しているのに対して、後者は時間及び空間（より具体的には三次元ユークリッド空間）において表象される。これを、本論の観点から延べ直すと、概念と直観はそれぞれ、階層構造と時空間構造という異なったデータ構造を持つ表象であるということに他ならない。そして、両者はそれぞれが持つデータ構造が異なるが故に、直接に結びつけられることができないのである。では、このような枠組みの中で、概念はどのようにして対象の直観と関係づけられるのだろうか。このためにまず重要な働きをなすのが、純粋悟性概念としての「カテゴリー」である。カテゴリーは、時空間構造を持つ直観を悟性によって把握可能な仕方で統一する。この統一の作用によってはじめて、直観は我々の認識の対象としてのステータスを獲得するのである（KdrV, A76-79/B102-105）。

しかしながら、カテゴリーもあくまで悟性の側に属する概念であり、それ自体ではまだ時空間構造に適合するものではない。したがって、カントの理論はカテゴリーのさらなる具体化・感性化を必要とする。この具体化の機能を果たすのが、「超越論的図式」である。超越論的図式は、カテゴリーと感性的表象を媒介する一種の規則であり、それ自体は内官の形式であるところの時間に従うとされている（KdrV, A142/B181）。例えば、「量」の図式は「数」であり、これは「一から一へと（同種のものを）連続して加えることを包括」（KdrV, A143/B182）する。

この議論を本論の観点から読み直すと、超越論的図式とは、直観の時空間構造を概念の階層構造へと変換するための規則であり、それ自体もまた一次元的な遷移構造として捉えることができる。この解釈の下で量の図式の具体的なモデルを考えると、図2に描かれるような、空間上に存在する複数の点を一つ一つ可算していくような継起的プロセスとなる。このモデルは、空間的な表象としての点の集合が、4段階の状態遷移を通じて、量的な表象（「4」

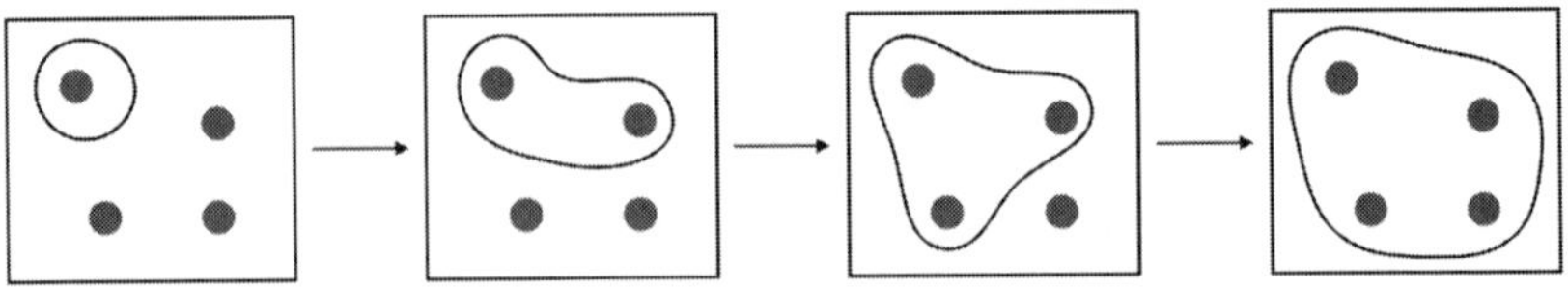

図２　量の図式のモデル

という数）へと変換される過程を描出している。他のカテゴリーの図式についても、量の場合よりも定式化は困難であるが、同様の構造を持つものとして想定されているはずである。

無論、以上の解釈はあくまで素描であり、またカントの構想を実装する具体的なモデルがたとえ得られたとしても、上述したカント自身の問題意識に応えるものであるのか、また現代的な記号接地問題に対する解決を与えるものであるかどうかは疑わしい。ただし、以上の議論が明らかにしたように、少なくとも現代の情報科学における記号接地問題の観点を援用することで、カントの超越論的論理学を新たな視点から見ることが可能になる。

五　おわりに

本論では、『ポール・ロワイヤル論理学』、ライプニッツ、カントの論理思想を主題的に取り上げ、これらを情報の哲学史として解釈することを試みた。これは、第一に情報の哲学史という新たな分野の先鞭をつけるという目的のためであり、第二に、ともすれば否定的評価の大きい近世の論理学の意義について、情報の哲学という観点から新たな視点を提供することであった。

もっとも、第１節で留意したとおり、本論には多くの弱点と限界が存在している。この試みがどの程度成功したかは読者の評価に委ねるしかないが、もし読者が情報の哲学史および近世の論理思想に新たな歴史的意義と魅力をわずかなりとも見出してくれたならば幸いである。

謝辞

本研究はJSPS特別研究員奨励費JP19J01298の助成を受けたものである。

また本研究は、池田真治氏（富山大学）が発起人／オーガナイザーとなって発足した「抽象と概念形成の哲学史」研究会の活動の中で得られた知見・着想が元となっている。オーガナイザーの池田氏を始め、本研究会のメンバーであるJimmy Aames氏（舞鶴工業高等専門学校）、浅野将秀氏（東京都立大学）、木本周平氏（東京都立大学）、酒井健太朗氏（環太平洋大学）、アダム・タカハシ氏（東洋大学）には深く感謝したい。

参考文献

Adriaans, P., & van benthem, J. (Eds.). (2008). *Philosophy of Information*, North-Holland: Elsevier.

Adriaans, P. (2020) "Information", *The Stanford Encyclopedia of Philosophy* (Fall 2020 Edition), Edward N. Zalta (ed.), URL = <https://plato.stanford.edu/archives/fall2020/entries/information/>.

Boole, G. (1847). *The Mathematical Analysis of Logic: Being an Essay Towards a Calculus of Deductive Reasoning*, Cambridge University Press: Cambridge (Reprinted in 2009).

Davey, B. A. & Priestley, H. A. (2002). *An Introduction to Lattices and Order*, Cambridge: Cambridge University Press, 2nd edition.

Davis, R., Shrobe, H., & Szolovits, P. (1993). 'What is a Knowledge Representation?' *AI Magazine*, 14(1): 17-33.

Floridi, L. (2011). *The Philosophy of Information*, Oxford: Oxford University Press.

Hanna, R. (1993). 'The Trouble with Truth in Kant's Theory of Meaning,' *History of Philosophy Quarterly*, 10, 1, 1-20.

———. (2001). *Kant and the Foundations of Analytic Philosophy*, New York: Oxford University Press.

Harnad, S. (1987). Categorical Perception: The Groundwork of Cognition. Cambridge: Cambridge University Press.

———. (1990). 'The Symbol Grounding Problem.' *Physica D*, 42, 335-346.

Heis, J. (2007). 'The Fact of Modern Mathematics: Geometry, Logic, and Concept Formation in Kant and Cassirer,' Ph.D. dissertation, University of Pittsburgh.

Kneale, W. & Kneale, M. (1962). *The Development of Logic*, New York: Oxford University Press.

Lenzen, W. (1984). 'Leibniz und die Boolesche Algebra,' Studia Leibnitiana, 16, 2, 187-203.

———. (2004). 'Leibniz's Logic,' in Gabbay, D. M. &Woods, J. eds. *The Rise of Modern Logic: From Leibniz to Frege, 3 of Handbook of the History of Logic*, Amsterdam et al.: Elsevier-North-Holland, 1-83.

Lu-Adler, H. (2012). 'Kant's Conception of Logical Extension and Its Implications,' Ph.D. dissertation, University of California, Davis, California.

Minsky, M. (1974). 'A Framework for Representing Knowledge,'Technical report, Massachusetts Institute of Technology, Cambridge, MA.

Nöth, W. (2012). 'Charles S. Peirce's Theory of Information: A Theory of the Growth of Symbols and of Knowledge,' Cybernetics and Human Knowing, 19, 1-2, pp. 137-161.

Pearce, K. L. (2019) 'Locke, Arnauld, and Abstract Ideas,' *British Journal for the History of Philosophy*, 27:1, 75-94

Peirce, C. S. (1867). 'Upon Logical Comprehension and Extension,' *Proceedings of the American Academiy of Arts and Science*, 7, 416-432.

Strawson, P. (1966). *The Bounds of Sense: An Essay on Kant's Critique of Pure Reason:* Routledge.

(Reprinted in 2006).

Tolley, C. (2007). 'Kant's Conception of Logic,' Ph.D. dissertation, The University of Chicago, Chicago, Illinois.

———. *(2012)*. 'The Generality of Kant's Transcendental Logic,' *Journal of the History of Philosophy*, 50, 3, 417-446.

浅野将秀（二〇二三）、「図式と論理形式：第一論理学におけるロッツェのカント受容」、『哲学』、第七十四巻、近刊。

五十嵐涼介（二〇一五）、「無限判断と存在措定」『日本カント研究』、第十六巻、一一五-一二八頁。

———（二〇一七）、「判断はどのようにして対象と関わるか：カントにおける単称判断とその意味論」、『日本カント研究』、第十八巻、一二一-一三三頁。

———（二〇一八ａ）、「カント論理学の形式的分析（一）」、『哲学論叢』、第四十五巻、一六-三〇頁。

———（二〇一八ｂ）、「カント論理学の形式的分析（二）」、『哲学論叢』、第四十五巻、三一-四六頁。

———（二〇一九）、「カント論理学の論理学体系とその哲学的帰結」、京都大学博士論文。

池田真治他（二〇二一）、『抽象の理論をめぐる哲学史——古代から近代まで——』、「抽象と概念形成の哲学史」研究会・研究報告論集。

金正旭（二〇一一）、「対象の差異を捨象することと、内容を捨象すること」、『日本カント研究』、第十一巻、一二三-一三八頁。

鈴木治、室伏俊明（二〇〇七）、「形式概念分析―入門・支援ソフト・応用―」、『知能と情報（日本知能情報ファジイ学会誌）』、第19巻、第二号、一〇三-一四二頁。

檜垣良成（一九九八）、『カント理論哲学形成の研究：「実在性」概念を中心として』、渓水社、広島。

溝口理一郎（二〇〇五）、『知の科学　オントロジー工学』、人工知能学会編、オーム社。

山本道雄（二〇一〇）、『カントとその時代：ドイツ啓蒙思想の一潮流』、晃洋書房。

註

（1）このことは、論理学はアリストテレス以来後退も進歩もしていないという、彼の有名な言葉によって象徴的に表されている（KdrV, B VIII）。なお、『純粋理性批判』からの引用箇所の指示については、慣例に従いA版およびB版のページ数を記載する。翻訳については『純粋理性批判』については高峯訳を参考にし、適宜改変を加えた。

（2）引用箇所についてはLPRと略記し、Gallimard版の巻数・ページ数により指示するが、底本としては山田・小沢訳およびCambridge Texts in The History of Philosophyシリーズ所蔵の英訳を用いた。

（3）Heisは明示的に述べていないが、Aにおける「可算（addition）」とは算術において「1」という概念が繰り返し可算されることによって自然数を生み出すような操作を意味していると考えられる。

（4）より詳細には、三つの抽象プロセスが区別されて論じられており、A-a主義における抽象はそのうちの第三のものに属する（LPR, 48-50）。

（5）哲学史における「抽象」の扱いについては、池田他（二〇二一）を参照のこと。また、A-a主義における定式化とは異なるが、「抽象」という手法自体は現代の情報の哲学においても中心的な枠組みを与えると考えられている（cf. Floridi 2011, ch, 3）。

（6）「外延」は対象・ものではなく、下位概念の集合であるとする解釈もある。この解釈と関連する問題についてはLu-Adler（2012）を参照のこと。また、内包と外延の関係に関する『ポール・ロワイヤル論理学』の記述には、すでにパースが「カントの法則」と呼んだ反比例の法則が見てとれる（LPR, 52; Pierce 1867）。これは、概念の内包が増加すれば外延が減少し、逆に内包が減少すれば外延が増加するという法則である。パースがこの関係をカントに結びつけたのは、おそらくこの法則の成立に関する歴史的経緯の誤解による。また、以上で概観した「内包」と「外延」についての理論は、後にパースが継承し、彼独自の情報の哲学の形成に繫がったとみられる（cf. Nöth 2012）。

（7）ライプニッツからの引用箇所については、『普遍的記号法の原理』、『概念と真理の解析についての一般的研究』、『人間知性新論』をそれぞれEC、GI、NEと略記し、ECはL. Couturat, *Opuscules et fragments inédits de Leibniz*（1903）のページ数、GIおよびNEは節番号もしくはゲルハルト版の巻数とページ数によって指示する。底本としては、前者二つは工作舎版ライプニッツ全集、『人間知性新論』は米山訳を用いた。

（8）Booleもまた伝統的論理学の形式化の過程でブール代数の定式化に至っているが、彼が行ったのは外延的な集合演算に基づいた形式化であり、概念の内包的構造に基づくA-a主義の概念構造とは異なっていると言える（Boole 1847）。

ところでライプニッツは、註6で言及した内包と外延の反比例関係についても以下のように言及をしている。

いかなる人間も動物であるという時、私がいいたいのは、すべての人はすべての動物の内に含まれるということですが、同時に私は、動物という観念が人間という観念の内に含まれているということも理解しています。動物というものは人間というものより多くの個物を含んでいますが、人間はより多くの観念、あるいはより多くの形相性を含みます。一方はより多くの実例を持ち、他方はより多くの実在性［肯定的な性質］の度を持つ。一方はより多くの外延を持ち、他方はより多くの内包を持つのです。（NE, 5: 468）

Lenzenはこの反比例関係に基づいて概念計算の外延的な解釈を与えているが、この解釈によって与えられたモデルは、Booleによる定式化と同型のものになると考えられる。

（9）このような解釈は、『純粋理性批判』の意味論的解釈と呼ばれる。代表的な論者としてはP. Strawson, R. Hanna, C. Tolleyらが上げられる（Strawson 1966; Hanna 2001, Tolley 2012）。

（10）カントの思想に限らず、本論で扱う論理思想は、人間の思考プロセスを一定の規則に従った表象操作モデルによって分析しており、この意味で現代の記号接地問題と関心と課題の多くを共有していると言えるだろう。

実際にHarnadが提案したモデルは、人間の認知プロセスに類比的なものとなっており、環境データをニューラルネットワークによって処理するコネクショニズムの手法と組み合わせることで、形式的な記号に対して意味を与えている。またその内実は、実はこれまで見てきたA-a主義の枠組みに近いものとなっている（Harnad 1987; Floridi 2011, 138）。

（筆者　いがらし・りょうすけ　京都大学文学研究科　特定助教）

THE OUTLINES OF THE MAIN ARTICLES IN THIS ISSUE

Das entwerfende Denken: die Religionsphilosophie, die Philosophie Nishidas und Buddhismus (Teil 2)

von

Masako KETA
Professorin Emerita
Kyoto Universität

Die Religionsphilosophie, mit der Kant einen Anfang machte, nimmt außerhalb der europäischen Welt, in Japan, eine eigenständige Entwicklung. In der Philosophie Nishidas kann man einen Typus dieser Entwicklung erkennen.

Nishida beginnt seine Philosophie mit dem Begreifen der "reinen Erfahrung". Merleau-Ponty schätzt Husserl in der Hinsicht, dass dieser versucht habe, einen Weg zwischen Logismus und Psychologismus zu finden. Nishida geht denselben Weg wie Husserl. Husserl verharrt lang im Versuchsstadium, um die objektive Erkenntnis der empirischen Wissenschaften zu begründen. Auf dieser Grundlage gelingt es ihm, die Erfahrung der Lebenswelt (die reine Erfahrung) aufzuzeigen. Die reine Erfahrung Nishidas und die reine Erfahrung Husserls bilden den Anfangs- bzw. Endpunkt ihres Philosophierens. Die zwiefältige reine Erfahrung beider hat trotzdem sozusagen einen einheitlichen Sinn als Ursprung der Erfahrung des Bewusstseins. Neuerdings verstehen und beeinflussen die Phänomenologie und die positiven Wissenschaften sowie die Psychologie oder die Kognitionswissenschaft sich gegenseitig immer besser, da die Forschung zu diesen Wissenschaften Fortschritte gemacht hat. Dadurch, dass ich die reine Erfahrung Nishidas vom Standpunkt der gegenwärtigen Phänomenologie aus untersuche, möchte ich den philosophischen Gedanken Nishidas im Zusammenhang mit der philosophischen Problematik der gegenwärtigen Welt betrachten.

Nishidas Gebrauch der Begriffe "Noesis" und "Noema" übertrifft bei weitem den Bereich, den Husserl mit diesem Begriffspaar glaubte philosophisch untersuchen zu könne. Seine tiefschürfenden logischen Untersuchungen konnte Nishida durchführen, weil er die Erfahrung des Bewusstseins auf eine ihm eigene Weise erfasste. Dieses Erfassen der Erfahrung des Bewusstseins war geleitet durch seine zen-buddhistische Praxis. Folgt man Merleau-Pontys Begriff des Leib-Schemas (*schéma corporel*) hat das äußerliche Ding die Position der Räumlichkeit (*spatialité de position*). Dagegen hat mein Leib die Räumlichkeit der Situation (*spatialité de situation*). Der Leib, der die Räumlichkeit der Situation hat, hat eine Art leiblicher Weisheit, in der das Anerkennen und das Bewegen sich vereinen. In der buddhistischen Übung erstrebt man, dieser leiblichen Weisheit sich bewusst zu werden und schließlich eine durchdringende Weisheit zu erreichen. Die reine Erfahrung Nishidas ist dennoch kein Erlernen dieser durchdringenden Weisheit. Nishida präsentiert die reine Erfahrung durchweg als philosophischen Begriff, der die wissenschaftliche Grundlage der empirischen Wissenschaften abgibt. Die Philosophie Nishidas ist als Religionsphilosophie anzusehen, die auf der Grundlage der buddhistischen Tradition gebildet wurde.

Auch Lévinas geht über die Grenze der Phänomenologie hinaus, aber auf andere Weise als Nishida. Mit Begriffen, die von der phänomenologischen Methode abhängen, will er das "Ereignis in der Nacht" zur Sprache bringen, das über die Phänomenologie hinausweist. Lévinas achtet auf das Wort "Religion". Er übernimmt es in der Bedeutung, die Kant in es gelegt hatte, und bestimmt damit seinen eigenen philosophischen Standpunkt. Hier ist ein gesonderter, von der Theologie unterschiedener Stammbaum der Religionsphilosophie zu entdecken.

Modes (*modi*) in Thomas Aquinas (Part II)
Ethical Aspects of Modes

by

Taki SUTO

Professor of Medieval Philosophy
Graduate School of Letters
Kyoto University

As the second part of my study on "modes" (*modi*) in Thomas Aquinas, this article investigates ethical aspects of "modes" in various texts of his.

First, we examine the texts in which Aquinas treats the "mode of a virtue" (*modus virtutis*) and consider what it is. The term often connotes the mean of the virtue. In order to understand the varieties of the mode or the mean of the virtue, we explain how moral, intellectual, and theological virtues are in the middle. Unlike ethical and intellectual virtues, theological virtues are not essentially in the middle, and the term "mode of a virtue" designates more broadly the way in which a genuine virtue is exercised. We also consider how this "mode of a virtue" is related to the "mode of reason" (*modus rationis*) and the "mode of nature" (*modus naturae*) in the case of moral virtues. Thus, Aquinas uses the term to explicate the nature of virtues. He also employs it in order to classify various virtues into potential parts of the cardinal virtues and to explain how we praise virtues and name them.

Second, we scrutinise Aquinas's interpretation of "modes of courage" (*modi fortitudinis*), false virtues that appear to be the virtue of courage but are not truly. Through the analysis, we come to understand the difference between the "mode of a virtue" *per se* and the "mode of a virtue" *per accidens*.

Third, we look at different types of "mode of an action" (*modus actionis/agendi*) and reach the depth of the equivocity of "mode" in Aquinas's writings. Aquinas uses the term "mode of an action" in different senses. The term sometimes signifies an action itself: for instance, the mode of the action proper to God is to give being (*esse*). In many cases, however, the term signifies an attribute of an action. In some cases, it designates "a way," i.e., "a circumstance" (*circumstantia*) of an action distinguished from the other circumstances of an

action: for instance, “rapidly” and “slowly” are modes of the action “walking.” In some cases, it signifies a consequence of all the circumstances of an action: (being done in) a good or bad manner is a mode of an action of this type. In other cases, it signifies a consequence of the action: for instance, “delightfully” or “sadly” is a mode of an action consequent upon the action.

Throughout our investigation, we observe “modes” in ethical aspects have much in common with those in ontological aspects. The term “mode” means “a limit” and more broadly “a way” in ethical contexts as well. The “mode of a virtue” consists in the determination or commensuration of material and efficient principles of a virtuous action. In fact, we discover more commensurations or proportions in the mode of a virtue than in the mode of a natural kind, and this could explain why we find virtuous actions more beautiful than natural kinds.

An Essay on the History of Philosophy of Information: *Port-Royal Logic*, Leibniz, and Kant

by

Ryosuke IGARASHI
Program-Specific Assistant Professor
Kyoto University

In recent years, a branch of philosophy called the "philosophy of information" has become increasingly prominent due to the rapid development of information technology and AI. This paper rereads early modern thought on logic as a "history of philosophy of information," conducting an analysis of various recent concepts of information.

In the following, I will focus, among the ideas about logic produced in the early modern period, on those published by Leibniz and Kant (among others), and in *Port-Royal Logic* by A. Arnauld and P. Nicoll (1662). Of these, *Port-Royal Logic* is the most influential text of logic produced during the early modern period. In this work, the position known as Aristotelian abstractionism is clearly established, which is considered significant in early modern philosophical and logical thought. In this paper, this position will be discussed in relation to the fields of knowledge representation, ontology, and formal concept analysis in current information science.

Leibniz and Kant, who will be discussed next, both partially inherited Aristotelian abstractionism but developed it in two completely different directions. Leibniz developed a theorization of the conceptual structure of Aristotelian abstractionism and, by incorporating the ideas of Descartes and Hobbes, formed an elaborate formal theory. This paper will discuss this point in light of the work of W. Lentzen, which has now become a classic.

On the other hand, Kant gave new insights into the connection between Aristotelian abstractionism and the real world. In this paper, this point will be clarified through an analysis of "transcendental logic" found in the *Critique of Pure Reason* (1781). In this discussion, I will attempt to reinterpret the significance of Kant's insights while supporting the perspective of the "symbol grounding problem" proposed by Harnad (1990).

会告

一、本会は会員組織とし会員には資格の制限を設けません。入会希望の方は京都市左京区吉田本町京都大学大学院文学研究科内京都哲学会（振替口座〇一〇二〇―一―四〇三九　京都哲学会）宛に年会費五、〇〇〇円をお支払いください。なお、学生会員（学部生および大学院生）は、事務局に申し出れば、減額制度を利用することができます。その際、年会費を四、〇〇〇円とします。

一、会員の転居・入退会の事務及び編集事務の一切は京都哲学会宛に御通知下さい。

一、本誌の編集に関する通信・新刊書・寄贈雑誌等は本会宛にお送り下さい。

一、本誌への論文の投稿は、原則として本会会員のみ受付け、掲載の可否については、編集委員会と編集委員会で委嘱した委員（若干名）の査読を経て、編集委員会で決定する。（本会主催の公開講演会の講演原稿の掲載など、編集委員会依頼による論文掲載については、この限りではない。）

京都哲学会

〒六〇六―八五〇一
京都市左京区吉田本町
京都大学大学院文学研究科内
（〇七五―七五三―二八六九）

令和五年二月十六日印刷
令和五年二月二十八日発行

編集兼発行人　京都大学大学院文学研究科内　京都哲学会

編集委員　杉村靖彦
児玉聡
上原麻有子

発売所　京都大学学術出版会
京都市左京区吉田近衛町六九
京都大学吉田南構内（六〇六―八三一五）
電話〇七五―七六一―六一八二

印刷所　株式会社文成印刷

註文規定

一、本誌の御註文はすべて代金送料共（一部、送料二〇〇円）前金にて京都哲学会宛お送り下さい。

ISBN978-4-8140-0476-8

令和五年二月十六日印刷

ISBN978-4-8140-0476-8 C3310 ¥2500E
定価：本体2,500円（税別）

THE JOURNAL
OF
PHILOSOPHICAL STUDIES

THE TETSUGAKU KENKYU

NO. 609 February 2023

Articles

Das entwerfende Denken: die Religionsphilosophie, die Philosophie Nishidas und Buddhismus (Teil 2) ······ **Masako KETA**

Modes (modi) in Thomas A
Ethical Aspects of Modes ·· **Taki SUTO**

An Essay on the History of
Port-Royal Logic, Leibniz,
······ **e IGARASHI**

THE KYOTO PI
(The Ky
Kyoto University
Kyoto, Japan